GALERIES
HISTORIQUES

DU PALAIS

DE VERSAILLES.

GALERIES HISTORIQUES

DU PALAIS

DE VERSAILLES

TOME III

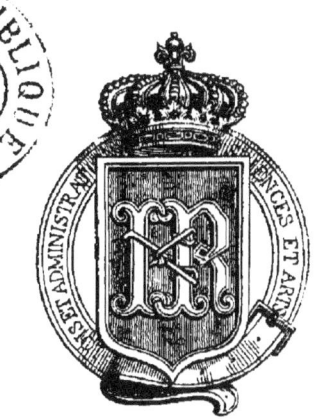

PARIS

IMPRIMERIE ROYALE

M DCCC XL

PEINTURE.

PREMIÈRE PARTIE.

TABLEAUX HISTORIQUES.

RÈGNES DE LOUIS XV ET DE LOUIS XVI.
RÉVOLUTION FRANÇAISE JUSQU'AU COMMENCEMENT
DE L'ANNÉE 1796.

GALERIES HISTORIQUES

DU PALAIS DE VERSAILLES.

PEINTURE.

PREMIÈRE PARTIE.

CCCCLXVII.

PHILIPPE, DUC D'ORLÉANS, VA RECEVOIR AU PARLEMENT LE TITRE DE RÉGENT DU ROYAUME.—2 SEPTEMBRE 1715.

ALAUX.

Louis XIV était mort le 1er septembre 1715. A la manière calme et solennelle dont il avait vu sa fin approcher, on avait pu croire qu'il avait voulu faire de la mort le dernier des actes de représentation royale qui remplirent son grand règne.

« Aussitôt, raconte M. Lemontey, l'historien de la

régence, tous les grands du royaume entrent dans la chambre du duc d'Orléans, et le saluent du nom de régent. Une partie d'entre eux le presse d'en accepter le titre, de le notifier au parlement, et de saisir, sans autre formalité, les rênes du pouvoir. Philippe sourit au zèle de ces nouveaux d'Épernon; mais, ayant peine à reconnaître, dans la courtoisie de quelques habitués du château de Versailles, le pavois du champ de mars et le droit des guerriers de Clovis, il ordonne sagement de convoquer le parlement, et entraîne le cortége aux pieds de l'enfant Louis XV.

« Tout se prépare, ou plutôt tout était prêt pour la séance du lendemain. Les gardes françaises et les gardes suisses environnent le palais. Villeroy, de Guiche, Contades, Reynolds et Saint-Hilaire dirigent, en faveur du duc d'Orléans, toutes les mesures que Louis XIV a prescrites contre lui. D'Aguesseau et Joly de Fleury ont composé les harangues. L'ambassadeur d'Angleterre[1] étale dans une tribune l'apparence d'un crédit qu'il n'a pas. La grand'salle et les vestibules sont inondés d'une foule d'officiers déguisés, de militaires réformés, et de ces aventuriers dont les grandes villes sont le rendez-vous. La plupart portent des armes cachées sous leurs habits, mais sans aucun dessein arrêté. Tous obéissent à cette curiosité française qui aime à saisir les événements dans leur source, à la vanité de jouer un rôle dans toutes les affaires, ou, peut-être, au plaisir puéril de figurer une scène de la Fronde.

[1] Lord Stairs.

« Le parlement, impatient de sentir sa liberté, s'était rassemblé dès la pointe du jour..... Philippe put reconnaître, à son entrée dans la grand'chambre, tout l'ascendant de son parti. Le premier président de Mesmes, son ennemi, fut obligé lui-même de le haranguer avec soumission. » Le prince n'en éprouva pas moins un grand trouble quand ce fut à lui de prendre la parole : l'autorité de Louis XIV était si imposante encore, même dans la lettre morte de son testament! Le discours du duc d'Orléans était habilement composé : il supposa au feu roi des dispositions contraires à celles que le testament renfermait; puis « il promit un gouvernement sage, économe, réparateur, et toujours éclairé par les remontrances du parlement, etc. A ces derniers mots, tous les cœurs tressaillirent de joie. Aussi, quand il proposa de prononcer, séparément et en premier lieu, sur le droit que sa naissance et les lois du royaume lui donnaient à la régence, un empressement sans frein dépouilla l'assemblée de la gravité d'un corps délibérant. Le testament fut apporté; un conseiller nommé Dreux le lut d'une voix basse et rapide, et personne ne daigna l'écouter. Les têtes bouillantes des enquêtes ne souffrirent même pas qu'on recueillît les voix dans la forme accoutumée, et une impétueuse acclamation nomma le duc d'Orléans régent, en vertu de sa naissance et des lois du royaume[1]. »

[1] *Histoire de la Régence*, par Lemontey, ch. 1, p. 32-35.

CCCCLXVIII.

LIT DE JUSTICE DE LOUIS XV. — 12 SEPTEMBRE 1715.

Duménil.

Le duc d'Orléans s'empressa de faire confirmer par la royauté, dans son plus solennel appareil, l'arrêt du parlement qui venait de détruire le testament de Louis XIV. Il fut décidé que le jeune roi[1], âgé seulement alors de cinq ans, se rendrait au Palais pour y tenir un lit de justice où serait enregistré l'acte qui conférait la régence à son oncle le duc d'Orléans. Cette cérémonie, fixée d'abord au 7 septembre, n'eut lieu que le 12, par suite d'une indisposition qui alarma un moment la cour, et le régent plus que tout le monde, pour l'enfance débile de Louis XV.

Le parlement était assemblé dans la salle de la grand'-chambre lorsque le roi arriva : Louis XV, accompagné du régent et des princes du sang, fut reçu au bas des degrés de la Sainte-Chapelle par la députation, ayant à sa tête le premier président, et conduit jusqu'au trône, qui se trouvait dans un angle de la salle. Le premier chambellan, comme grand écuyer, le porta depuis le carrosse jusqu'à la porte de la grand'chambre, où le duc de Tresme le prit et le mit sur son trône. Le roi

---

[1] Louis XV était fils du duc de Bourgogne, fils aîné du grand dauphin, et par conséquent arrière-petit-fils de Louis XIV. Il était né en 1710.

étant assis, chacun prit place, ainsi que l'indique Saint-Simon[1] :

Le régent et les princes du sang à sa droite;

Le grand chambellan était sur les marches du trône;

Le prévôt de Paris couché sur les degrés ;

Les huissiers de la chambre du roi à genoux plus bas, leurs masses de vermeil sur le col, et les hérauts d'armes en costume avec leur cotte.....

La cour portait le deuil; après les princes venaient ensuite, sur les gradins élevés de la salle, et au-dessous du trône, les pairs laïques à la droite et les pairs ecclésiastiques à la gauche du roi;

Le conseil d'état, sous le gradin des pairs laïques et plus bas.

Devant les pairs ecclésiastiques, les présidents des chambres, en robes rouges avec leurs fourrures. Les conseillers de toutes les chambres, en robes rouges, en face des pairs laïques et plus bas; et enfin, en retour de la salle et en face des pairs ecclésiastiques, encore les conseillers. Derrière eux, les gens du roi, après, les spectateurs de marque et de considération.

Les dames de la cour occupaient les lanternes ou loges.

« Il n'y eut, dit Saint-Simon[2], point de foi et hommage et rien de particulier, sinon que la duchesse de Ventadour y eut un petit siége, et que le maréchal de Villeroy en eut un aussi fort bas, hors de rang, entre le

---

[1] Tome XVII, p. 132.
[2] *Ibid.* p. 137.

trône et la première place des pairs ecclésiastiques. Ce fut une tolérance, car il ne pouvait être en fonctions tant que le roi était entre les mains des femmes. »

CCCCLXIX.
DÉPART DU ROI APRÈS LE LIT DE JUSTICE. — 12 SEPTEMBRE 1715.

Tableau du temps, par Martin.

La séance étant levée, le roi fut reconduit jusqu'à son carrosse, au bas des degrés de la Sainte-Chapelle, par la même députation qui l'avait reçu à son arrivée. Le duc d'Orléans, le duc de Bourbon et tous les princes du sang marchaient immédiatement devant lui. Ensuite le cortége se mit en marche pour retourner aux Tuileries.

CCCCLXX.
LOUIS XV VISITE PIERRE LE GRAND A L'HOTEL DE LESDIGUIÈRES. — 10 MAI 1717.

Mme Hersent. — 1840.

Le czar Pierre avait commencé ses voyages en Europe dans l'année 1698. Dès cette époque il témoigna l'intention de venir en France ; mais Louis XIV ne voulut point lui montrer le royaume attristé par les malheurs qui finirent son règne. Ce prince étant mort, et le czar ayant de nouveau manifesté l'intention de passer par la

France avant de retourner dans ses états, le régent choisit le maréchal de Tessé pour l'accompagner pendant son séjour à Paris.

Pierre le Grand arriva à Calais, où il fut d'abord reçu par le marquis de Nœlle. Le maréchal de Tessé alla au-devant de lui jusqu'à Beaumont. « Il arriva à Paris le 7 mai. Il descendit d'abord au Louvre, entra partout dans l'appartement de la reine mère. Il le trouva trop magnifiquement tendu et éclairé, remonta tout de suite en carrosse et s'en alla à l'hôtel de Lesdiguières, où il voulut loger.

« Le lundi suivant, 10 mai, le roi alla voir le czar, qui le reçut à la portière, le vit descendre de carrosse, et marcha de front à la gauche du roi jusque dans sa chambre, où ils trouvèrent deux fauteuils égaux. Le roi s'assit dans celui de la droite, le czar dans celui de la gauche, le prince Kourakin servit d'interprète. On fut étonné de voir le czar prendre le roi sous les deux bras, le hausser à son niveau, l'embrasser ainsi en l'air, et le roi, à son âge, et qui n'y pouvait pas être préparé, n'en avoir aucune frayeur. On fut fort frappé de toutes les grâces qu'il montra devant le roi, de l'air de tendresse qu'il prit pour lui, de cette politesse qui coulait de source, et toutefois mêlée de grandeur, d'égalité de rang, et légèrement de supériorité d'âge; car tout cela se fit très-distinctement sentir. Il loua fort le roi, il en parut charmé, et il en persuada tout le monde. Il l'embrassa à plusieurs reprises. Le roi lui fit très-joliment son petit et court compliment, et M. du Maine, le maréchal de Villeroy, et ce qui se trouva là de distingué fournirent à la conversation. La séance dura un petit quart d'heure. Le czar accompagna le roi comme il l'avait reçu, et le vit monter en carrosse [1]. »

CCCCLXXI.

PIERRE LE GRAND ET LE RÉGENT A LA REVUE DE LA MAISON MILITAIRE DU ROI. — 16 JUIN 1717.

Lestang. — 1837.

Le mercredi 16 juin le czar se rendit à cheval à la revue des deux régiments des gardes, des gendarmes, des chevau-légers et des mousquetaires; le régent lui fit les honneurs de cette revue. Le czar était suivi du maréchal de Tessé et du prince Kourakin, qui l'accompagna partout dans son voyage en France.

CCCCLXXII.

PRISE DE FONTARABIE. — 16 JUIN 1719.

Hipp. Lecomte.

---

[1] *Mémoires de Saint-Simon*, t. XV, p. 81 et 84.

CCCCLXXIII.

CAMP DE L'ARMÉE FRANÇAISE ENTRE SAINT-SÉBASTIEN ET FONTARABIE. — JUIN 1719.

QUARTIER DU PRINCE DE CONTI.

Tableau du temps, par Martin.

Philippe V, en montant sur le trône d'Espagne, avait renoncé à tous ses droits sur l'héritage de Louis XIV : cependant, depuis la mort de ce prince, le cabinet espagnol ne cessait d'agiter la France de ses intrigues. Une révolte avait éclaté en Bretagne, et tout avait prouvé qu'elle était l'œuvre du cardinal Alberoni. On découvrit, peu de temps après, la conspiration ourdie à Paris par le prince de Cellamare, ambassadeur d'Espagne, dont le but était de faire passer la régence des mains du duc d'Orléans dans celles de Philippe V. Il importait d'assurer le repos de la France et celui de l'Europe contre la politique turbulente d'Alberoni. Son renvoi fut demandé, et, sur le refus du roi d'Espagne, la France, unie à l'Empereur, au roi d'Angleterre et aux États-Généraux de Hollande par le traité de la quadruple alliance, déclara la guerre à Philippe V.

Le maréchal de Berwick reçut le commandement de l'armée française, avec l'ordre d'entrer immédiatement en Espagne : le 27 mai il était devant Fontarabie, dont il entreprit le siége.

Le prince de Conti se rendit à l'armée du maréchal

de Berwick, et l'accompagna pendant toute la campagne.

« L'armée d'Espagne était vers Tafalla, à trois lieues de Fontarabie. Coigny, par ordre du duc de Berwick, visitait cependant avec un léger détachement les gorges et les passages de toute la chaîne des Pyrénées pour les bien reconnaître. Fontarabie capitula le 16 juin. Tresnel, gendre de Leblanc, en apporta la nouvelle. Le duc de Berwick fit aussitôt après le siége de Saint-Sébastien. Il y eut quelque désertion dans ses troupes, mais pas d'aucun officier. L'armée d'Espagne n'était pas en état de se commettre avec celle du maréchal de Berwick : Saint-Sébastien capitula le 1ᵉʳ août. Bulkley, frère de la maréchale de Berwick, en apporta la nouvelle. Quinze jours après M. de Soubise apporta celle du château, et qu'on avait brûlé, dans un petit port près de Bilbao, nommé Santoña, trois gros vaisseaux espagnols qui étaient sur le chantier, près d'être lancés à la mer [1]. »

Le maréchal de Berwick se porta ensuite en Catalogne. La flotte espagnole fut défaite par celle d'Angleterre près de Messine, et Philippe V fut forcé d'accepter la paix aux conditions qui lui furent dictées par le régent. Alberoni quitta le ministère et l'Espagne. La Sicile fut cédée à l'Empereur, et la Sardaigne donnée en échange au duc de Savoie.

Le mariage de Louis XV avec l'infante d'Espagne, fille de Philippe V et d'Élisabeth Farnèse, sa seconde femme, fut une des conventions du traité signé à la Haye, le 17 février 1720. L'infante était alors âgée de

---

[1] *Mémoires de Saint-Simon*, t. XVII, p. 371.

DU PALAIS DE VERSAILLES.   13

six ans : elle devait être conduite en France pour y achever son éducation. Les événements qui suivirent mirent au néant cet article du traité.

On convint également du mariage de mademoiselle de Montpensier, Louise-Élisabeth d'Orléans, fille du régent, avec Louis, prince des Asturies, fils aîné du roi d'Espagne et héritier du trône. Ce dernier mariage fut célébré dans la ville de Lerma, le 20 janvier 1722.

CCCCLXXIV.

MÉHÉMET-EFFENDI, AMBASSADEUR TURC, ARRIVE AUX TUILERIES. — 21 MARS 1721.

Tableau du temps, par PARROCEL.

CCCCLXXV.

MÉHÉMET-EFFENDI, AMBASSADEUR TURC, ARRIVE AUX TUILERIES. — 21 MARS 1721.

Tableau du temps, par PARROCEL.

CCCCLXXVI.

MÉHÉMET-EFFENDI, AMBASSADEUR TURC, SORT DES TUILERIES APRÈS SA RÉCEPTION PAR LE ROI. — 21 MARS 1721.

. . . .

On lit dans les Mémoires du duc de Saint-Simon[1] : « Le Grand Seigneur, qui n'envoie jamais d'ambassadeur

---
[1] Tome XVIII, p. 346.

aux premières puissances de l'Europe, sinon si rarement à Vienne, à quelque occasion de traité de paix, en résolut une sans être sollicité, pour féliciter le roi sur son avénement à la couronne, et fit aussitôt partir Méhémet-Effendi Tefderdar, c'est-à-dire grand trésorier de l'empire, en qualité d'ambassadeur extraordinaire, avec une grande suite, qui s'embarquèrent sur des vaisseaux du roi, qui se trouvèrent fortuitement dans le port de Constantinople. Il débarqua au port de Cette en Languedoc. » Arrivé à Paris, il fut logé à l'hôtel des Ambassadeurs extraordinaires, rue de Tournon.

« Le vendredi, 21 du mois de mars, le prince de Lambesc et Rémond, introducteur des ambassadeurs, allèrent dans le carrosse du roi prendre l'ambassadeur à son hôtel; et aussitôt ils se mirent en marche pour aller à l'audience du roi : la compagnie de la police avec ses timbales et ses trompettes à cheval, le carrosse de l'introducteur, celui du prince de Lambesc, entourés de leurs livrées, précédés de six chevaux de main et de huit gentilshommes à cheval; trois escadrons d'Orléans, douze chevaux de main, menés par des palefreniers du roi à cheval; trente-quatre Turcs à cheval, deux à deux, sans armes; puis Merlin, aide-introducteur, et huit des principaux Turcs à cheval; le fils de l'ambassadeur à cheval, seul, portant sur ses mains la lettre du Grand Seigneur dans une étoffe de soie; six chevaux de main, harnachés à la turque, menés par six Turcs à cheval; quatre trompettes du roi à cheval. L'ambassadeur suivait entre le prince de Lambesc et l'introducteur, tous trois de front à cheval, environnés de valets de pied turcs et de leurs livrées, côtoyés de vingt maîtres du régiment Colonel-général; ce même régiment précédé des grenadiers à cheval, puis le carrosse du roi et la connétablie. Les mêmes escouades et compagnies, ci-devant nommées à l'entrée, se trouvèrent postées dans les rues du passage, dans la rue Dauphine, sur le Pont-Neuf, dans les rues de la Monnaie et Saint-Honoré, à la place Vendôme, devant le Palais-Royal, à la porte Saint-Honoré, avec leurs trompettes et timbales; depuis cette porte en dehors jusqu'à l'Esplanade, le régiment d'infanterie du Roi en haie des deux côtés, et dans l'Esplanade les détachements des gardes du corps, des gendarmes, des chevau-légers, et les deux compagnies entières de mousquetaires. Arrivés en cet endroit, les troupes de la marche et les carrosses allèrent se ranger sur le quai, sous la terrasse des Tuileries. L'ambassadeur, avec tout ce qui l'accompagnait et toute sa suite à cheval, entra par le Pont-Tournant dans le jardin des Tuileries, depuis lequel, jusqu'au palais des Tuileries, les régiments des gardes françaises et suisses étaient en haie des deux côtés, les tambours rappelant et les drapeaux déployés. L'ambassadeur et tout ce qui l'accompagnait passa ainsi à cheval le long de la grande allée, entre ces deux haies, jusqu'au pied de la terrasse, où il mit pied à terre, et fut conduit dans un appartement en bas, préparé pour l'y faire reposer, en attendant l'heure de l'audience. »

CCCCLXXVII.

SACRE DE LOUIS XV A REIMS. — 25 OCTOBRE 1722.

COURONNEMENT DU ROI.

Tableau du temps, par M<small>ARTIN</small>.

CCCCLXXVIII.

SACRE DE LOUIS XV A REIMS. — 25 OCTOBRE 1722.

COURONNEMENT DU ROI.

S<small>IGNOL</small>. — 1837.

Louis XV fut sacré le 25 octobre 1722, à l'âge de treize ans. La cérémonie se fit, suivant l'usage immémorial, dans la cathédrale de Reims. Le siége archiépiscopal de cette ville se trouvant alors vacant, ce fut le cardinal duc de Rohan, évêque de Strasbourg et grand aumônier de France, qui officia. Il était assisté des évêques de Laon et de Beauvais.

L'église avait été tendue et ornée comme au sacre de Louis XIV. Le cardinal de Rohan alla chercher le roi à l'archevêché, et le cortége se rendit à l'église dans l'ordre et la marche indiqués par le cérémonial.

Les premières cérémonies du sacre étant achevées, « le roi s'étant levé, le grand chambellan lui présenta les vêtements que sa majesté devait mettre par-dessus sa camisole, la tunique, la dalmatique et le manteau royal.

« Lorsque le roi en fut revêtu, il se mit à genoux

devant l'archevêque, et reçut les deux dernières onctions aux deux mains, que sa majesté joignit pendant qu'on bénissait les gants et l'anneau, qui lui furent présentés par l'archevêque.

« Ce prélat prit sur l'autel le sceptre et la main de justice, et mit l'un dans la main droite du roi et l'autre dans la gauche; aussitôt le chancelier, ayant appelé les douze pairs selon leur rang, l'archevêque prit sur l'autel la couronne de Charlemagne, et, après en avoir fait la bénédiction, il s'approcha du roi pour la mettre sur la tête de sa majesté[1]. »

« Les pairs laïques, le duc d'Orléans, représentant le duc de Bourgogne; le duc de Chartres, représentant le duc de Normandie; le duc de Bourbon, représentant le duc d'Aquitaine; le comte de Charolais, représentant le comte de Toulouse; le comte de Clermont, représentant le comte de Flandre, et le prince de Conti, représentant le comte de Champagne; les trois premiers portant la couronne ducale, et les trois autres celle de comte, sont du côté de l'Évangile; et les pairs ecclésiastiques, l'évêque et duc de Laon, l'évêque comte de Châlons, représentant l'évêque et duc de Langres; l'évêque et comte de Beauvais, l'évêque comte de Noyon, représentant l'évêque et comte de Châlons; l'ancien évêque de Fréjus (Fleury), représentant l'évêque et comte de Noyon, du côté de l'Épître.

« Derrière les pairs laïques viennent les trois maréchaux de France, d'Estrées, d'Huxelles et de Tessé;

---

[1] *Description du sacre de Louis XV.*

auprès d'eux, les ministres et secrétaires d'état, le marquis de la Vrillière, le comte de Maurepas et M. Leblanc; les seigneurs et les principaux officiers de sa majesté. Devant les secrétaires d'état se trouvait le duc de Charost, gouverneur du roi.

« Du côté des pairs laïques, et selon leur rang, les cardinaux, les évêques, les abbés, les conseillers d'état, les ministres des requêtes et les secrétaires du roi. Dans le milieu du sanctuaire, du côté de l'Épître, auprès du fauteuil et du prie-Dieu du roi, on voit le capitaine des gardes écossaises, le duc de Villeroy, le prince Charles de Lorraine, grand écuyer, et le capitaine des cent-suisses, le marquis de Courtenvaux; et du côté de l'Évangile, l'autre capitaine des gardes, le duc d'Harcourt.

« Au bout des degrés du sanctuaire, le connétable, dont les fonctions étaient remplies par le maréchal duc de Villars en habit de pair, et à ses côtés les deux huissiers de la chambre. Après le connétable, le chancelier, représenté par M. d'Armenonville, garde des sceaux, et derrière lui les trois grands officiers.

« Le prince de Rohan, avec le bâton de grand maître dont il faisait les fonctions; à sa droite, le prince de Turenne, grand chambellan, et à sa gauche, le duc de Villequier, premier gentilhomme de la chambre, tous trois en habit de pair, avec des couronnes de comte sur la tête, et sur la même ligne.

« Les gardes du corps sont placés au bas des degrés du sanctuaire, et les hérauts d'armes se tiennent près des stalles des chanoines.

« Les chanoines de la cathédrale sont dans les hautes et basses stalles. Les quatre chevaliers de l'ordre du Saint-Esprit, le maréchal duc de Tallard, le comte de Matignon, le comte de Medavy, le marquis de Goësbriant portant les offrandes, occupent les quatre premières hautes stalles du côté de l'Épître, et les quatre seigneurs otages, les quatre hautes stalles du côté de l'Évangile; leurs écuyers, tenant leurs bannières, se tiennent dans les quatre stalles au-dessous[1]. »

CCCCLXXIX.

SACRE DE LOUIS XV A REIMS. — 26 OCTOBRE 1722.

CAVALCADE DU ROI.

Tableau du temps, par MARTIN.

Un des jours qui suivirent le sacre, Louis XV monta à cheval pour accomplir la cérémonie de la grande cavalcade. Il était accompagné du régent, des grands officiers de sa maison, des maréchaux de France et des officiers de l'ordre du Saint-Esprit.

Voici l'ordre dans lequel le cortége sortit de l'archevêché : les hautbois, tambours et trompettes marchaient en tête; venaient ensuite le comte de Monsoreau, grand prévôt de l'hôtel; puis les gardes du corps, avec leurs officiers, parmi lesquels se trouvaient de la Billarderie, lieutenant; de Fauvel, enseigne, et de la

[1] Extrait du Sacre de Louis XV.

Grange, exempt, qui avaient été nommés pour assister à la cérémonie du sacre.

Le cortége se rendit d'abord à Saint-Marcou et ensuite à Saint-Remy, où le roi mit pied à terre. « Le 27 octobre, ajoute le maréchal de Villars, il fit chevaliers de l'ordre du Saint-Esprit, M. le duc de Chartres et M. le comte de Charolais. Les chevaliers se trouvèrent à cette cérémonie en habit de l'ordre. Le roi alla voir les troupes le 28, et le 29 il toucha, suivant l'usage immémorial, deux mille cinq cents malades des écrouelles[1]. »

CCCCLXXX.

MARIAGE DE LOUIS XV ET DE MARIE LECZINSKA. — 15 AOUT 1725.

LOUIS, DUC D'ORLÉANS, FILS DU RÉGENT, ÉPOUSE A STRASBOURG, AU NOM DU ROI, MARIE-CHARLOTTE-SOPHIE-FÉLICITÉ LECZINSKA, PRINCESSE DE POLOGNE.

. . . .

Louis-Philippe d'Orléans, régent pendant la minorité du roi Louis XV, était mort le 2 décembre 1723, et le duc de Bourbon, plus connu sous le nom de Monsieur le Duc, lui avait succédé dans le ministère.

Le roi avait alors quinze ans, et l'infante d'Espagne, qui avait été amenée en France pour lui être unie, n'en avait que sept. Il fallait donc attendre plusieurs années encore avant leur mariage. Le conseil trouva que le délai était trop long dans l'intérêt de l'état, qui voulait

[1] *Mémoires du maréchal de Villars*, t. III, p. 141.

que le roi fût promptement marié. En conséquence, il fut décidé que l'infante serait rendue à sa royale famille. Elle quitta Versailles le 5 avril, et fut remise, le 17 mai, à Saint-Jean-Pied-de-Port, sur la frontière des deux royaumes, aux envoyés de la cour d'Espagne.

Le 15 août Louis, duc d'Orléans, fils aîné du régent, épousa à Strasbourg, au nom du roi de France, Marie Leczinska, fille de Stanislas, roi de Pologne. Le mariage fut célébré dans l'église cathédrale de cette ville : le cardinal de Rohan donna aux deux époux la bénédiction nuptiale.

CCCCLXXXI.

SIÉGE DE PHILIPSBOURG.— 15 MAI 1734

INVESTISSEMENT DE LA PLACE.

. . . .

L'ancien évêque de Fréjus, depuis cardinal de Fleury, précepteur du roi, ne tarda pas à remplacer Monsieur le Duc dans la direction des affaires. Le roi, dans l'année 1727, ayant supprimé le titre de premier ministre, nomma son ancien précepteur principal ministre d'état.

L'Europe était en paix depuis quatorze ans lorsque la mort du roi de Pologne, Auguste II, électeur de Saxe, vint y rallumer la guerre. Deux prétendants se disputèrent les suffrages de la diète assemblée à Varsovie. Stanislas reçut d'une seconde élection, le 12 septembre 1733, la couronne qu'il avait déjà portée; mais Charles VI, empereur d'Allemagne, et l'impératrice de

Russie, appuyèrent les prétentions de l'électeur de Saxe, fils d'Auguste II, et leurs troupes marchèrent sur Varsovie. La diète, convoquée de nouveau, appela alors au trône, par une décision contraire, l'électeur de Saxe, et la Pologne se trouva ainsi partagée entre deux rois.

Cependant Stanislas, cédant à la force, s'était retiré à Dantzick. Louis XV arma pour soutenir les droits de son beau-père, et fit partir une flotte, qui ne lui porta que de tardifs et inutiles secours. Il fallut alors que la France entrât en campagne avec toutes ses forces (1733) : alliée avec les rois d'Espagne et de Sardaigne, elle attaqua l'empire à la fois sur le Rhin et en Italie. Pendant que le maréchal de Villars, à quatre-vingt-deux ans, achevait glorieusement sa carrière par la prise de Milan, le vainqueur d'Almanza, le duc de Berwick, allait aussi terminer la sienne sous les murs de Philipsbourg.

Berwick, à la fin de l'année 1733, s'était emparé du fort de Kehl : au printemps de l'année suivante, malgré le prince Eugène, qui lui était opposé, il avait rapidement conquis l'électorat de Trèves, forcé les lignes d'Ettlingen, occupé le pays de Spire et pris Haguenau. Eugène, menacé d'être coupé, fut contraint de se replier sur le Necker, et laissa le maréchal de Berwick s'approcher de Philipsbourg pour y mettre le siége. La place fut investie le 2 juin; mais, six jours après, au milieu des opérations de la tranchée, un coup de canon vint frapper Berwick à la tête, et mettre fin à sa vie.

Cinq jours après, le 17 juin, Villars mourait à Turin.

Avec eux finit la dernière génération des grands hommes de guerre qui avaient illustré le nom de Louis XIV.

CCCCLXXXII.
PRISE DE PHILIPSBOURG. — 18 JUILLET 1734.

Couder. — 1838.

Après la mort du maréchal de Berwick, le siége de Philipsbourg ne fut pas moins continué par le marquis d'Asfeld et le duc de Noailles; et, après six semaines de tranchée ouverte, malgré les obstacles qu'opposaient des pluies continuelles, l'inondation des tranchées et la présence de l'armée impériale, les assiégés capitulèrent et rendirent la ville.

Vainement le prince Eugène marcha-t-il au secours des assiégés, avec les renforts que lui avait amenés le roi de Prusse, accompagné de son fils, depuis le grand Frédéric; les retranchements français étaient trop redoutables pour qu'il osât les assaillir.

CCCCLXXXIII.
BATAILLE DE PARME. — 29 JUIN 1734.

. . . .

« Les armées des trois puissances continuaient de faire les plus grands progrès en Italie. La ville de Novarre se rendit au marquis de Coigny, et le maréchal de Maillebois prit le château de Serravalle. Le maréchal de Coigny, qui avait succédé au maréchal de Villars, gagna la bataille de Parme contre les impériaux, qui y perdirent huit mille hommes, avec leur général Mercy. La prise de Modène fut une des suites de cette victoire [1]. »

La bataille de Parme fut suivie de celle de Guastalla, également gagnée par le maréchal de Coigny sur l'armée impériale. En même temps le duc de Montemar, général espagnol, faisait subir à la maison d'Autriche un nouvel échec à Bitonto, dans le royaume de Naples. Ces défaites multipliées décidèrent l'empereur Charles VI à ne pas tenter plus longtemps la fortune. En échange du triste honneur d'avoir imposé un roi à la Pologne, il fut contraint de céder le royaume des Deux-Siciles à l'infant don Carlos, un des fils de Philippe V, et les cantons de Novarre et de Tortone, au roi de Sardaigne. Le duché de Lorraine, avec la condition de retour à la couronne de France, fut donné à Stanislas Leczinski, en dédommagement de la royauté de Pologne, et l'héritage du dernier des Médicis attribué, par compensation, au duc François de Lorraine. Telles furent les principales stipulations du traité conclu à Vienne en 1738, qui ne rendit que pour deux ans la paix à l'Europe.

[1] *Campagnes de Louis XV,* p. 18.

CCCCLXXXIV.

PRISE DE PRAGUE. — NOVEMBRE 1741.

Couder. — 1838.

« La paix que la France avait procurée à tous les états de l'Europe fut bientôt troublée par la querelle de l'Espagne et de l'Angleterre pour le commerce d'Amérique. La mort de l'empereur Charles VI, arrivée au mois d'octobre 1740, acheva de tout brouiller. Il n'était aucun souverain en Europe qui ne prétendît avoir des droits à la succession de ce prince. Marie-Thérèse, sa fille aînée, et épouse du grand duc de Toscane, François de Lorraine, se fondait sur le droit naturel qui l'appelait à l'héritage de son père, et sur la pragmatique sanction, par laquelle Charles VI avait ordonné l'indivisibilité de toutes les terres de sa maison, dispositions qui avaient été garanties par presque toutes les puissances de l'Europe. Charles-Albert, électeur de Bavière; Auguste, roi de Pologne, électeur de Saxe; le roi d'Espagne, Philippe V, se croyaient fondés à réclamer cette succession en tout ou en partie. Le roi de Prusse, de son côté, Frédéric III, qui venait de monter sur le trône, réclamait quatre duchés en Silésie. Louis XV aurait pu prétendre à cette succession à aussi juste titre que personne, puisqu'il descendait en droite ligne de la branche aînée masculine d'Autriche, par la femme de Louis XIII et par celle de Louis XIV; mais ce prince aima mieux être arbitre que protecteur ou concurrent. Déjà la France, l'Espagne, la Bavière, la Saxe, se remuaient pour faire un empereur. La France voulait élever à l'empire le duc de Bavière, et l'enrichir des dépouilles d'une maison puissante, si longtemps rivale de la France. Le maréchal de Belle-Isle fut envoyé en Allemagne pour ce sujet, et il convint, avec le roi de Prusse et la cour de Saxe, des mesures à prendre pour faire réussir ce projet[1]. »

Marie-Thérèse, voyant l'orage qui grondait contre elle, se mit aussitôt en possession de tout le domaine que son père avait laissé. Elle reçut l'hommage des états d'Autriche à Vienne; les provinces d'Italie et de Bohême lui prêtèrent serment de fidélité. En vertu de ses droits de succession, elle demandait l'empire pour François de Lorraine, son mari, et cherchait partout à se faire de nouveaux alliés. Elle fit entrer dans ses intérêts le roi d'Angleterre et les états généraux de Hollande. Le roi de Prusse, le grand Frédéric, lui offrit son alliance; mais il la lui offrit après s'être jeté sur la Silésie, à laquelle les électeurs de Brandebourg prétendaient avoir quelques droits, et se l'être adjugée par les armes. Marie-Thérèse refusa une assistance qui lui coûtait une de ses provinces, et Frédéric mit alors du côté de la France et de la Bavière son génie guerrier, ses trésors et son armée. La bataille de Molwidz, sur la Neiss, qu'il livra aux Autrichiens, fut le signal d'un embrasement universel. Le cardinal Fleury essaya vainement de conserver

---

[1] *Campagnes de Louis XV*, p. 21.

à la France une attitude pacifique en ne déclarant point la guerre à Marie-Thérèse, et ne faisant paraître les Français en Allemagne que comme auxiliaires de l'électeur Charles-Albert. Le mouvement de la guerre emporta tout, et pendant qu'une armée française, prête à fondre sur le Hanovre, observait les mouvements de l'Angleterre, une autre armée française, commandée par le comte Maurice de Saxe, se joignait à l'électeur de Bavière, qui venait de prendre Lintz et Passau, et marchait sur la capitale de la Bohême.

« Il fallait, dit l'auteur des Campagnes de Louis XV, ou prendre Prague en peu de jours, ou abandonner l'entreprise. La saison était avancée, et l'armée manquait de vivres. Cette grande ville, quoique mal fortifiée, pouvait soutenir les premières attaques. Le général Ogilvi, Irlandais de naissance, qui commandait dans la place, avait trois mille hommes de garnison, et le grand duc marchait à son secours avec une armée de trente mille hommes. Il était déjà arrivé à cinq lieues de Prague, le 25 novembre 1741; mais, la nuit même, les Français et les Saxons donnèrent l'assaut.

« Ils firent deux attaques avec un grand fracas d'artillerie, qui attira toute la garnison de leur côté. Pendant que tous les esprits se portaient de ce côté-là, le comte de Saxe fit préparer en silence une seule échelle vers les remparts de la ville neuve, à un endroit très-éloigné de l'attaque. M. de Chevert, alors lieutenant-colonel du régiment de Beauce, monte le premier; le fils aîné du maréchal de Broglie le suit : on arrive au rempart, où l'on ne trouve qu'une sentinelle; on monte en foule, et l'on se rend maître de la ville. Toute la garnison met bas les armes; Ogilvi se rend prisonnier de guerre avec ses trois mille hommes. Le comte de Saxe préserva la ville du pillage; et, ce qu'il y eut d'étrange, c'est que les conquérants et le peuple conquis demeurèrent confondus sans qu'il y eût une goutte de sang de répandue [1]. »

Le comte de Saxe présenta les clefs de Prague à l'électeur de Bavière, qui y fit son entrée le 26 novembre 1741. Charles-Albert, couronné roi de Bohême dans cette ville, le 19 décembre suivant, fut élu roi des Romains par la diète de Francfort, sans aucune concurrence sérieuse, le 24 janvier 1742, et reçut la couronne impériale le 11 février de la même année. Il prit le nom de Charles VII.

CCCCLXXXV.

PRISE DE MENIN. — 4 JUIN 1744.

Tableau du temps, par LENFANT.

CCCCLXXXVI.

PRISE DE MENIN. — 4 JUIN 1744.

Gouache par VAN BLAREMBERG.

Marie-Thérèse semblait perdue. Elle l'était, en effet, sans l'indomptable courage qu'elle opposa à ses revers

---

[1] *Campagnes de Louis XV*, p. 21 et 25.

Laissant Vienne, que menaçait l'armée française, elle alla se jeter, son fils entre les bras, au milieu des vaillantes populations de la Hongrie, et implora leur assistance en jurant le maintien de leurs priviléges. Un rapide mouvement d'enthousiasme entraîne alors à sa suite toute la nation hongroise, puis toutes les peuplades slaves de la Moravie, de la Bohême et des bords de l'Adriatique. En peu de temps elle redevint maîtresse de tous les états héréditaires de la maison d'Autriche, et bientôt la paix qu'elle conclut avec le roi de Prusse (juillet 1742) en lui cédant la Silésie la mit en état de tenir tête partout à ses ennemis.

Au milieu de ce mouvement national, les Français ne purent plus tenir en Allemagne, et, assiégé dans Prague, le maréchal de Belle-Isle fut réduit à la triste gloire de faire, au cœur de l'hiver (17 décembre 1744), une retraite que les écrivains du temps ont comparée à celle des dix mille. En même temps l'électeur de Bavière, naguère triomphant, était chassé de sa capitale, et réduit à cacher sa misère dans la ville libre de Francfort, théâtre des pompes de son couronnement. Mais Marie-Thérèse, non contente de son glorieux retour de fortune, voulut davantage. Avide de vengeance, et confiante dans la double alliance de la Hollande et de l'Angleterre, elle rêvait l'invasion et le partage des provinces françaises, et jeta le prince Charles de Lorraine sur l'Alsace, pendant que le féroce Mentzel, avec ses bandes esclavonnes, allait dévaster les états du roi Stanislas. Ces tentatives furent victorieusement repoussées par les troupes françaises; la guerre fut formellement déclarée au roi de la Grande-Bretagne et à la reine de Hongrie ; le prince Charles-Édouard, le dernier des Stuarts, appelé de Rome pour aller en Angleterre redemander à la maison de Hanovre l'héritage de ses aïeux; le roi de Prusse rattaché par d'habiles négociations à l'alliance française, et d'immenses préparatifs furent faits enfin sur terre et sur mer pour résister avec toutes les ressources de la France aux deux redoutables ennemis qu'elle avait à combattre.

Quatre armées furent mises sur pied. Le roi, à la tête de quatre-vingt mille hommes, se dirigea sur la Flandre; le maréchal de Coigny marcha sur le Rhin avec cinquante mille, et le duc d'Harcourt sur la Meuse avec dix mille hommes. Le prince de Conti commanda l'armée de Piémont, qui s'élevait à vingt mille hommes. Le comte de Saxe, nouvellement nommé maréchal de France, était destiné à servir en Flandre sous le roi. Il arriva à Valenciennes le 20 avril, et s'empara aussitôt de Courtray, dont il fit son quartier général. Louis XV avait quitté Versailles le 3 mai. Il passa la revue de l'armée le 15 mai dans la plaine de Cisoin, près de Lille, accompagné du ministre de la guerre, le comte d'Argenson.

« Le roi quitta Lille le 22 à midi pour se porter sur Menin, où il arriva le 23. On ouvrit la tranchée en sa présence le 28, à dix heures du soir, du côté de la porte d'Ypres : sa majesté ne se retira qu'à deux heures du matin.

« Le comte de Clermont, chargé d'une seconde attaque à la rive droite de la Lys, ouvrit la tranchée la même nuit devant l'ouvrage à corne de la porte de Lille.

« Le maréchal de Saxe alla le 28 reconnaître le pays jusque auprès d'Oudenarde; il revint par Deynse et le long de la Lys : ce fut alors qu'il commença à se servir avantageusement des partis d'infanterie.

« Le roi étant allé, le 31, visiter la tranchée devant l'ouvrage à corne, en ordonna l'attaque pour la nuit suivante. On le fit reconnaître par un lieutenant et six grenadiers, qui le trouvèrent abandonné.

« Le chemin couvert de Menin étant pris, le baron d'Echten, commandant de la place, demanda le 4 juin à capituler : il obtint les honneurs de la guerre[1]. »

CCCCLXXXVII.

PRISE D'YPRES. — 27 JUIN 1744.

Van Ysendik. — 1837.

CCCCLXXXVIII.

PRISE D'YPRES. — 27 JUIN 1744.

Gouache par van Blaremberg.

« Le siége d'Ypres suivit immédiatement. Les troupes arrivèrent devant la place le 10 juin, dans la position

---

[1] *Histoire du maréchal de Saxe*, par le baron d'Espagnac, t. I, p. 281.

indiquée par le maréchal de Noailles. Ce fut le prince de Clermont, abbé de Saint-Germain-des-Prés, qui commanda les principales attaques de ce siége. On vit les Français, assurés de la victoire, monter la tranchée avec leurs drapeaux. L'investissement avait été ordonné le 16 juin; la capitulation fut signée le 27 du même mois [1]. »

« Le roi avait visité les tranchées le 21 et le 24 : ce même jour, sur le soir, M. d'Arnaud de l'Estang, aide-major d'artillerie, servant comme volontaire dans la tranchée, sous les ordres du duc de Biron, obtint la permission d'aller avec deux mineurs reconnaître ce qui se passait dans la basse ville : il se glissa dans le fossé, et, après avoir escaladé la petite demi-lune vis-à-vis de la poterne, il fit gratter et arracher par ses deux mineurs une porte de communication pratiquée dans l'épaisseur du rempart : il y monta seul l'épée à la main en criant *vive le roi!* ce qui fut répété par toute la tranchée. Cet officier revint tout de suite demander au duc de Biron des grenadiers à la tête desquels il marcha, et s'empara de toute la basse ville [2]. »

---

[1] *Campagnes de Louis XV*, p. 33.

[2] *Histoire du maréchal de Saxe*, par le baron d'Espagnac, t. II, p. 8.

CCCCLXXXIX.

PRISE DE FURNES. — 11 JUILLET 1744.

RAVERAT. — 1837.

« Le prince Charles de Lorraine et les Autrichiens avaient repassé le Rhin ; le maréchal de Coigny les poursuivit, s'arrêta à Weissembourg, qu'il emporta sans avoir employé le canon : l'épée et les baïonnettes des officiers et soldats avaient suffi. Trois mille Autrichiens y périrent, six cents furent faits prisonniers : c'était le 15 juillet 1744.

« Tandis que les Français entraient dans la ville d'Ypres, le duc de Boufflers prenait la Knoque, et le roi quitta l'armée pour visiter les places de la frontière. Pendant ce temps le prince de Clermont faisait le siège de Furnes qui, le 11 juillet, demanda à capituler après cinq jours de tranchée ouverte [1]. »

CCCCXC.

BATAILLE DE CONI. — 30 SEPTEMBRE 1744.

SERRUR. — 1837.

Les hostilités avaient commencé du côté de l'Italie le 22 février 1744, et les flottes réunies de France et d'Espagne avaient été attaquées dans la Méditerranée par l'escadre anglaise sous les ordres de l'amiral Matthews.

---

[1] *Campagnes de Louis XV.* Paris, 1788.

L'issue du combat était restée indécise. Cependant le prince de Conti ayant rejoint l'infant don Philippe, les armées combinées de France et d'Espagne passèrent le Var, s'emparèrent de Villefranche et de Montalban, et forcèrent ensuite le passage de la Stura. On s'empara du château Dauphin et du fort Demont. On assura ainsi, la libre communication de l'armée d'Italie avec le Dauphiné et la Provence.

Le prince de Conti écrivait à Louis XV après la prise du château Dauphin : « C'est une des plus brillantes et des plus vives actions qui se soient passées. Les troupes y ont montré une valeur au-dessus de l'humanité. La brigade de Poitou, ayant M. d'Agénois à sa tête, s'est couverte de gloire.

« La bravoure et la présence d'esprit de M. de Chevert ont principalement décidé l'avantage. Je vous recommande M. de Solémi et le chevalier de Modène. Lacarte a été tué. Votre majesté, qui connaît le prix de l'amitié, sent combien j'en suis touché [1]. »

Les armées réunies se portèrent ensuite ensemble sur Coni, dont le siége fut aussitôt commencé.

Cette ville, située au confluent de la rivière de Gesse avec la Stura, à quatorze lieues de Turin, est une des places fortes de l'Italie. La tranchée était à peine ouverte que le roi de Sardaigne se présenta pour en faire lever le siége et livra bataille le 30 septembre. On se canonna d'abord pendant quelque temps, et vers une heure après midi, les grenadiers du roi de Sardaigne

---

[1] *Campagnes de Louis XV*, p. 35.

s'étant portés sur la porte de la Madona del Ulmo, l'attaque fut vive et sanglante.

« Les Français et les Espagnols combattirent en cette occasion comme des alliés qui se secourent, et comme des rivaux qui veulent chacun donner l'exemple. Le roi de Sardaigne perdit près de cinq mille hommes et le champ de bataille. Les Espagnols ne perdirent que neuf cents hommes, et les Français eurent onze cents hommes tués ou blessés. Le prince de Conti, qui était général et soldat, eut sa cuirasse percée de deux coups et deux chevaux tués sous lui[1]. »

La prise de Coni fut le résultat de la bataille.

CCCCXCI.

ENTRÉE DU ROI A STRASBOURG. — 5 OCTOBRE 1744.

Serrur. — 1837.

Après la prise de Furnes, le maréchal de Noailles reçut l'ordre de se diriger sur l'Allemagne pour opérer sa jonction avec le maréchal de Coigny. Le roi suivait le mouvement de l'armée. Arrivé à Metz le 8 août, il y tomba malade, et le 14, lorsqu'on désespérait de ses jours, il se faisait encore rendre compte de la situation de ses armées. C'est alors, rapporte Voltaire, qu'il dit au comte d'Argenson, ministre de la guerre : « Écrivez au maréchal de Noailles que, pendant qu'on portait Louis XIII au tombeau, le prince de Condé gagna une bataille. »

[1] *Campagnes de Louis XV*, p. 36.

Le maréchal de Noailles répondit par des succès : étant arrivé à Suffelheim, il fit sa jonction avec le maréchal de Coigny, força les retranchements de l'ennemi et contraignit les impériaux à repasser le Rhin.

Le roi, étant rétabli, quitta Metz pour se rendre en Allemagne, et se dirigea sur Strasbourg, où il arriva le 5 octobre.

« Sur les quatre heures après midi son carrosse parut, environné de ses officiers et de ses gardes. Aussitôt l'air retentit du bruit des instruments et des acclamations redoublées de *vive le roi!* Les cavaliers mirent le sabre à la main. M. le prêteur royal salua le roi à son poste. Les autres officiers eurent le même honneur.

« Sa majesté, étant arrivée au pied du glacis, reçut les trois clefs de vermeil, qui lui furent présentées dans un bassin de même métal par M. le baron de Trélans, lieutenant de roi de la ville. En même temps le corps du magistrat se présenta devant le roi et eut l'honneur de complimenter sa majesté.

« Le roi entra ensuite dans la ville au bruit de toutes les cloches et de l'artillerie des remparts.

« A l'extrémité du faubourg de Saverne était placé un arc de triomphe de soixante pieds d'élévation.

« En dehors de cet arc de triomphe, sous lequel le roi passa, étaient placés les petits cent-suisses [1], qui se

---

[1] Les petits cent-suisses étaient composés de jeunes garçons de douze à quinze ans, habillés en cent-suisses d'un uniforme de camelot bleu, chargé, sur toutes les tailles, de rubans de soie rouges et blancs, avec la fraise, la hallebarde, le chapeau, le plumet et le reste de l'ajustement à la suisse.

présentèrent devant sa majesté, et lui firent le salut avec une assurance également noble et modeste. De là le roi marcha vers l'église cathédrale au milieu d'une double haie des troupes de la garnison. Les rues, qui de ce côté-là sont droites et spacieuses, étaient sablées, jonchées de verdure, et tapissées, à droite et à gauche, des plus belles tapisseries, que les habitants de tout état avaient fournies à l'envi.

« Sa majesté, étant arrivée devant le principal portail de l'église cathédrale, descendit du carrosse, et fut reçue par M. le cardinal de Rohan, qui était à la tête de tout son clergé, avec M. le cardinal de Soubise, son coadjuteur, et M. l'évêque d'Uranople, son suffragant. Son éminence fit au roi un très-beau discours, après lequel sa majesté fut conduite jusqu'au pied du maître-autel à un prie-Dieu couvert d'un tapis de soie et de velours, où M. le prince Camille de Rohan Guémené, fils de M. le prince de Montauban, et chanoine domicellaire de cette cathédrale, présenta le carreau à sa majesté. Le roi, après avoir fait sa prière, se rendit à pied au palais épiscopal, où il avait choisi son logement.

« Les petits cent-suisses se trouvèrent rangés en haie dans la cour : les troupes bourgeoises, qui fermaient le cortége, suivirent jusqu'à l'entrée, et passèrent en revue devant sa majesté, qui se mit aux fenêtres pour les voir défiler. Tous les corps furent ensuite admis à complimenter sa majesté. »

Les fêtes qui suivirent l'arrivée du roi furent toutes de la plus grande magnificence.

« Le 10 octobre le roi partit au son de toutes les cloches de la ville et au bruit de toute l'artillerie des remparts, laissant tous les cœurs pénétrés de la joie d'avoir vu et du regret de perdre sitôt ce *monarque bien aimé*[1]. »

CCCCXCII.

SIÉGE DE FRIBOURG. — 11 OCTOBRE 1744.

LE ROI ARRIVE AU CAMP DEVANT FRIBOURG.

Tableau du temps, par Lenfant.

Le maréchal de Coigny, ayant passé le Rhin, donna ordre au duc d'Harcourt de se porter sur le vieux Brisach, tandis qu'il marchait avec le reste de ses troupes vers Fribourg en Brisgau. Arrivé devant cette ville depuis le 19 septembre, il l'avait fait investir, lorsque le roi, arrivé de Strasbourg, prit le commandement de l'armée.

Le siége de Fribourg fut long et pénible, surtout à cause de l'abondance des eaux de la Treisam, qu'il fallait arrêter et détourner. Les assiégés, qui avaient reçu des secours, se défendirent avec courage et opiniâtreté ; ils tentèrent plusieurs sorties.

« Le maréchal de Coigny rendait compte au roi tous les jours du progrès des travaux, et en recevait les ordres : les eaux devenues basses, on sut profiter ha-

---

[1] Extrait de l'ouvrage intitulé : *Représentation des fêtes données par la ville de Strasbourg pour l'arrivée et pendant le séjour de sa majesté en cette ville.*

bilement de cette heureuse circonstance; on fit passer de l'autre côté de la rivière des canons, des pierriers et des mortiers pour répondre et pour imposer à ceux des assiégés; d'autres batteries furent établies contre les faces du bastion du Roi, contre celle de la demi-lune et contre chaque flanc [1]. »

CCCCXCIII.

SIÉGE DE FRIBOURG. — 17 AU 18 OCTOBRE 1744.

ATTAQUE DE NUIT.

LEPAON. — 1777.

Déjà les travaux étaient arrivés à peu de distance du chemin couvert; on crut pouvoir l'attaquer : une nuit obscure (du 17 au 18 octobre) favorisait ce projet; mais il survint une pluie si considérable qu'on ne put s'occuper, même le jour suivant, que de perfectionner les ouvrages.

« Le 29 octobre le roi, visitant les travaux pour reconnaître les ouvrages de la tranchée et le progrès des batteries qui battaient en brèche, s'aperçut que les descentes du fossé de la gauche étaient fort avancées, en sorte qu'il décida que celles de la droite qui avaient été abandonnées seraient reprises, et que le travail des mines qui avait été dérangé serait réparé. Les ordres du roi ponctuellement exécutés, les batteries furent établies sur le chemin couvert. A peine eurent-elles

---

[1] *Histoire des conquêtes de Louis XV*, par Dumortous, p. 20.

commencé à battre en brèche, que le feu des ennemis redoubla, et qu'ils démasquèrent une nouvelle batterie qui fit un feu continuel sur celles des Français et sur leurs ouvrages. Les nouvelles forces des assiégés n'empêchèrent pas l'artillerie du chemin couvert de faire deux brèches au bastion du Roi, ni plusieurs compagnies de grenadiers d'y monter et de s'y loger[1]. »

CCCCXCIV.

PRISE DE LA VILLE ET DES CHATEAUX DE FRIBOURG. — 5 ET 25 NOVEMBRE 1744.

Gouache par van Blaremberg.

La ville se rendit enfin le 5 novembre; on signa le 6 les articles de la capitulation dans la tente même du roi. Les châteaux furent livrés ensuite le 25 novembre, et la garnison resta prisonnière de guerre.

Après la prise de Fribourg le roi quitta l'armée pour retourner à Paris.

CCCCXCV.

SIÉGE DE TOURNAY.

INVESTISSEMENT DE LA PLACE; CAMP DE LA RIVE DROITE DE L'ESCAUT.

Tableau du temps, par Ignace Parrocel.

---

[1] *Histoire des conquêtes de Louis XV,* par Dumortous, p. 20.

CCCCXCVI.

SIÉGE DE TOURNAY.

INVESTISSEMENT DE LA PLACE; CAMP DE LA RIVE GAUCHE DE L'ESCAUT.

Tableau du temps, par IGNACE PARROCEL.

CCCCXCVII.

SIÉGE DE TOURNAY. — 8 MAI 1745.

LE ROI VISITE LE CAMP DEVANT TOURNAY.

Tableau du temps, par LEPAON. — 1777.

« L'empereur Charles VII mourut à Munich le 20 janvier 1745; la France n'ayant agi que pour les intérêts de ce prince, il y avait lieu de croire que les puissances belligérantes se prêteraient aux propositions de paix de sa majesté très-chrétienne. Elles furent sans effet, et ce monarque dut continuer la guerre avec plus de vigueur qu'auparavant.

« Le roi ayant déclaré qu'il irait en Flandre avec M. le dauphin, le maréchal de Saxe fut nommé pour commander sous ses ordres. La campagne devait s'ouvrir par le siége de Tournay. Le chevalier d'Espagnac, aide-maréchal général des logis de l'armée, avait été envoyé secrètement à Condé pour examiner l'emplacement des premiers camps que les troupes devaient prendre entre Maubeuge et la Haisne. Il devait aussi s'assurer des facilités pour la paille, le bois et les transports des vivres. M. Thomassin, capitaine d'ouvriers, avait été chargé de voir les endroits les plus commodes pour faire des ponts sur la Haisne.

« Le maréchal de Saxe, ayant reçu ses dernières instructions, se rendit à Valenciennes le 15 avril. Il s'occupa, en y arrivant, de l'exécution des ordres nécessaires pour l'ouverture de la campagne. »

On devait entreprendre le siége de Tournay. Le maréchal de Saxe avait trompé l'ennemi sur le véritable but de ses dispositions, et Tournay était déjà investi sur les deux rives de l'Escaut, lorsque l'armée des alliés se dirigeait du côté de Mons et de Maubeuge, qu'elle croyait menacés. Le duc de Cumberland s'empressa de se porter sur Tournay.

Le maréchal de Saxe, prévoyant qu'il pourrait être inquiété pendant le siége, avait fait protéger les travaux par une armée d'observation. « Son projet était de combattre les alliés sans discontinuer le siége de Tournay. Il avait fait occuper le village de Fontenoy, jugeant ce poste de la dernière importance [1]. »

Sur la nouvelle de la marche de l'ennemi, le roi avait quitté Versailles le 6 mai; le 8 il avait rejoint l'armée, et était au camp, où il se fit rendre compte du siége de Tournay.

[1] *Histoire du maréchal de Saxe,* par le baron d'Espagnac, t. II, p. 28-29.

CCCCXCVIII.

BATAILLE DE FONTENOY. — 11 MAI 1745.

ATTAQUE DU VILLAGE D'ANTHOIN.

Tableau du temps, par Lenfant.

CCCCXCIX.

BATAILLE DE FONTENOY. — 11 MAI 1745.

Tableau du temps, par H. Pegna.

D.

BATAILLE DE FONTENOY. — 11 MAI 1745.

Tableau du temps, par Lenfant.

DI.

BATAILLE DE FONTENOY. — 11 MAI 1745.

Gouache par van Blaremberg.

« Le 10 au matin sa majesté se rendit avec M. le dauphin à la tête des troupes : le maréchal de Saxe y était; il faisait exécuter les ordres donnés dans la nuit. Le roi lui avait permis de se tenir dans une voiture d'osier par rapport à l'état où il était : il ne monta à cheval qu'au moment de l'action.

« Le lendemain, à quatre heures du matin, le roi se mit à la tête des troupes. Les gardes du corps étaient encore dans leur camp : le maréchal de Saxe envoya dire au comte d'Argenson que si le roi et M. le dauphin avaient passé le pont on ne fît marcher les gardes du corps que quand le roi et M. le dauphin l'auraient repassé. Le maréchal de Saxe sentait l'importance de ne pas exposer à la destinée d'un combat incertain deux têtes aussi précieuses. Le roi et M. le dauphin étaient alors en deçà de l'Escaut. Sa majesté s'étant fait rendre compte de ce que désirait le maréchal : « On peut dès à « présent, dit ce prince, faire venir mes gardes du corps, « car très-certainement je ne repasserai pas l'Escaut. » Il alla se placer près de la justice de Notre-Dame-aux-Bois, d'où il pouvait tout voir et donner ses ordres.

« Le canon de l'ennemi commença à tirer avec une vivacité extrême un peu avant cinq heures du matin.

« Le maréchal de Noailles était alors avec le maréchal de Saxe auprès de Fontenoy : il lui faisait voir l'ouvrage qu'il avait fait faire à l'entrée de la nuit pour la communication du village de Fontenoy avec la redoute la plus près de ce poste. Il lui servit ce jour-là de premier aide de camp, sacrifiant la jalousie du commandement au bien de l'état, et s'oubliant soi-même pour un général étranger et moins ancien. Le maréchal de Saxe sentait tout le prix de cette magnanimité, et jamais, comme le fait observer très-bien M. de Voltaire, on ne vit une union si grande entre deux hommes que l'amour-propre semblait devoir éloigner l'un de l'autre [1]. »

« Les deux armées se canonnèrent pendant plus de trois heures; enfin les alliés se déterminèrent à attaquer

[1] *Histoire du maréchal de Saxe*, par le baron d'Espagnac, t. II, p. 55-59.

Fontenoy : leur infanterie avança sur cinq colonnes. Deux colonnes hollandaises tentèrent deux fois de rompre les troupes qui étaient entre Anthoin et Fontenoy ; deux autres voulurent emporter Fontenoy. Les attaques furent vives ; une seconde attaque sur Fontenoy et sur la redoute de la gauche ne fut pas plus heureuse. Ils formèrent alors deux lignes d'infanterie fort épaisses et marchèrent en très-bon ordre pour attaquer le centre de l'armée du roi. Ils firent un feu si vif et si terrible, qu'ils ébranlèrent le front de l'armée française, qui fut obligée de céder quelque terrain.

« La première ligne de cavalerie française donna, pour laisser à l'infanterie le temps de se reformer; mais le feu soutenu des alliés la força de plier et de se rallier derrière la seconde ligne, qui la soutenait. Celle-ci fut également forcée de céder à l'épouvantable feu qu'elle essuya. La cavalerie française ne perdit cependant point courage, et revint plusieurs fois à la charge[1]. »

« Le maréchal de Saxe, dit le baron d'Espagnac, n'avait d'inquiétude que pour le roi : il lui fit dire par le marquis de Meuse, qu'il le conjurait de repasser l'Escaut avec M. le dauphin ; mais on ne put jamais l'obtenir. Cependant, malgré leurs avantages, les lignes anglaises souffraient beaucoup : leurs flancs étaient exposés au feu du canon et de la mousqueterie, tant de la redoute de la pointe des bois de Barry, que des troupes françaises qui étaient près de Fontenoy. Le duc de Cumberland crut devoir resserrer ses deux lignes

---

[1] *Campagnes de Louis XV,* p. 42.

pour les éloigner du feu qui les maltraitait. Ayant fait marcher en même temps les quatre régiments qui étaient sur sa droite et le long de la lisière du bois, il s'en servit pour fermer le vide qui se trouvait entre ses deux lignes : il présentait ainsi un bataillon carré, dont trois faces pleines. Ce bataillon, composé de l'élite de l'infanterie anglaise et hanovrienne, était d'environ quinze mille hommes. Les régiments de cavalerie de la gauche les plus à portée eurent ordre de l'attaquer. »

Cette formidable colonne résistait à toutes les charges; son feu terrible et soutenu enlevait des lignes entières de régiments. La bataille allait être perdue; le maréchal de Saxe voulut faire un dernier effort, mais il sentait que la défaite totale de l'armée française dépendait de cette dernière attaque; il prévit tout pour la retraite, qui eût été impraticable si les Hollandais eussent passé entre les redoutes qui étaient vers Fontenoy et Anthoin, et s'ils fussent venus donner la main aux Anglais.

Le duc de Richelieu, lieutenant général, et qui servait en qualité d'aide de camp du roi, arriva en ce moment. « Il venait, rapporte Voltaire, de reconnaître la colonne près de Fontenoy. Ayant ainsi couru de tous côtés sans être blessé, il se présenta hors d'haleine, l'épée à la main et couvert de poussière. « Quelle nou-
« velle apportez-vous? lui dit le maréchal; quel est votre
« avis? — Ma nouvelle est que la bataille est gagnée si l'on
« veut, et mon avis est qu'on fasse avancer dans l'instant
« quatre canons contre le front de la colonne : pendant
« que cette artillerie l'ébranlera, la maison du roi et les

« autres troupes l'entoureront; il faut tomber sur elle
« comme des fourrageurs. »

Le maréchal approuva l'avis du duc de Richelieu;
on prit les ordres du roi. L'artillerie fut dirigée sur le
front du bataillon carré ; la maison du roi avance, le duc
de Richelieu en tête.

« Le maréchal de Saxe avait commandé que la cavalerie touchât les Anglais avec le poitrail des chevaux :
il fut bien obéi. Les officiers de la chambre chargeaient
pêle-mêle avec les gardes et les mousquetaires : les
pages du roi y étaient l'épée à la main. Il y eut une si
exacte égalité de temps et de courage, un ressentiment
si unanime des échecs qu'on avait reçus, un concert si
parfait, la cavalerie le sabre à la main, l'infanterie la
baïonnette au bout du fusil, que la colonne anglaise fut
foudroyée et disparut ; ce qui put s'en échapper repassa
les ravins dans le plus grand désordre, laissant le champ
de bataille couvert de morts et de blessés. Les Hollandais, voulant faire une diversion en faveur des troupes
anglaises et hanovriennes, s'ébranlèrent dans le moment
de l'attaque de la colonne; mais, l'infanterie et les dragons, qui étaient sur la droite vers Anthoin, se disposant
à les charger, ils se retirèrent précipitamment, abandonnant vingt pièces de canon et leurs blessés. Ce dernier succès rendit la victoire complète [1]. »

[1] *Histoire du maréchal de Saxe*, par le baron d'Espagnac, t. II, p. 80.

DII.

BATAILLE DE FONTENOY. — 11 MAI 1745.

LOUIS XV VISITE LE CHAMP DE BATAILLE.

H. Vernet. — 1827.

« Le maréchal de Saxe, qui était malade, se fit porter vers le roi : « Sire, j'ai assez vécu ; je ne souhaitais de « vivre aujourd'hui que pour voir votre majesté victo-« rieuse. » Ce qui rend, dit Voltaire, cette bataille à jamais mémorable, c'est qu'elle fut gagnée lorsque le général, affaibli et presque expirant, ne pouvait plus agir. Le maréchal avait fait la disposition, et les officiers français remportèrent la victoire. »

« Le roi, s'étant rendu sur le champ de bataille, recommanda qu'on prît un soin égal des blessés des ennemis comme de ceux de ses troupes. Il fit l'honneur au maréchal de Saxe de l'embrasser ; il eut la bonté de lui ordonner d'aller prendre du repos : ce soulagement lui était essentiel dans l'état affreux où il se trouvait, et à la suite des fatigues d'une pareille journée. Sa majesté passa à la tête de tous les régiments qui avaient combattu ; elle témoigna à chacun en particulier sa satisfaction de leurs services [1]. »

---

[1] *Histoire du maréchal de Saxe*, par le baron d'Espagnac, t. II, p. 81.

DIII.

BATAILLE DE FONTENOY. — 11 MAI 1745.
PRISE DU VILLAGE DE VEZON.

Tableau du temps, par LENFANT.

« Les alliés laissèrent un gros corps d'infanterie dans les haies de Vezon, et leur cavalerie en bataille devant ce village ; cette précaution et la nuit qui survint favorisèrent leur retraite. M. de Grassin s'était tenu, pendant la bataille, dans les bois de Barry, avec son régiment. Il se porta après le combat sur le flanc de la cavalerie ennemie formée devant Vezon ; il l'obligea, par son feu, de s'éloigner de ce village ; il y prit huit cents hommes, y compris les blessés, vingt-deux pièces de canon, tous les chariots d'artillerie, l'hôpital ambulant et beaucoup de bagages.

« Les alliés eurent environ quinze mille hommes tués ou blessés ; on leur fit nombre de prisonniers, parmi lesquels plusieurs officiers de marque. On leur enleva quarante pièces de canon et cent cinquante chariots chargés de toutes sortes de munitions de guerre [1]. »

Le comte d'Argenson, du champ de bataille même, fit connaître à Voltaire la victoire de Fontenoy, et Voltaire présenta au roi, à son retour à Paris, l'ode qu'il avait faite pour la célébrer.

[1] *Histoire du maréchal de Saxe*, par le baron d'Espagnac, t. II, p. 82.

DIV.

SIÉGE DE TOURNAY. — 14 MAI 1745.

LE ROI DONNE DES ORDRES POUR L'ATTAQUE DE TOURNAY.

Tableau du temps.

DV.

SIÉGE DE TOURNAY. — 14 MAI 1745.

LE ROI DONNE DES ORDRES POUR L'ATTAQUE DE TOURNAY.

Gouache par van Blaremberg.

« Le lendemain de la bataille de Fontenoy, le 12 mai, les troupes françaises rentrèrent dans la circonvallation devant Tournay; le roi retourna à son quartier au château de Chin. Le 14 il se rendit à la tranchée, accompagné de monseigneur le dauphin, et en examina tous les travaux malgré le grand feu de l'ennemi. Le comte d'Argenson, ministre et secrétaire d'état de la guerre suivait sa majesté [1]. »

« En moins de six jours la brèche fut faite au corps de la place; l'ouvrage à corne fut emporté d'assaut, et les Français se logèrent sur l'angle et sur une partie de l'attaque gauche du chemin couvert de la demi-lune. Le gouverneur de Tournay jugea convenable de capituler; mais ses propositions parurent inadmissibles : on recommença les hostilités. En peu de jours Tournay allait être ensevelie sous ses ruines. Le gouverneur fut

---

[1] *Histoire du maréchal de Saxe*, par le baron d'Espagnac, t. II, p. 85.

obligé de rendre la place, et s'enferma dans la citadelle, qu'il défendit jusqu'à la dernière extrémité, et dont il sortit, ainsi que la garnison, avec les honneurs de la guerre. Il ne s'était rendu qu'après que toutes les batteries de la citadelle furent presque démontées, que les puits furent infectés, et que la poudre eut commencé à lui manquer[1]. »

« La garnison de la citadelle de Tournay ayant défilé le 24 au matin devant le roi, sa majesté, accompagnée de monseigneur le dauphin, fit son entrée dans Tournay. Les magistrats de la ville se trouvèrent à la porte pour lui rendre leurs hommages[2]. »

DVI.

COMBAT DE MELLE. — 9 JUILLET 1745.

Tableau du temps, par IGNACE PARROCEL.

DVII.

COMBAT DE MELLE. — 9 JUILLET 1745.

Gouache par VAN BLAREMBERG.

« Les alliés avaient rassemblé dans Gand de gros magasins; les Anglais y avaient déposé leurs équipages et une grande partie de leurs munitions de guerre; ils y avaient aussi le canon arrivé d'Angleterre pour rem-

---

[1] *Campagnes de Louis XV*, p. 44.
[2] *Histoire du maréchal de Saxe*, par le baron d'Espagnac, t. II, p. 91

placer celui perdu à Fontenoy; plusieurs officiers et soldats blessés y avaient été conduits; cette place faisait leur communication avec les îles britanniques par Ostende et Nieuport.....

« Le roi, instruit qu'il y avait peu de monde, résolut de s'en rendre maître; il en concerta les moyens avec le comte d'Argenson et le maréchal de Saxe; le secret n'en fut confié qu'au comte de Lowendal, chargé de l'entreprise [1]. »

« L'armée, ayant quitté le camp et passé l'Escaut, marcha sur cinq colonnes, et arriva dans la plaine de Leuze, où elle campa sur le bord de la Teure. Les alliés avaient passé la Dendre : notre armée vint occuper le camp de Vanbeck et celui de la Chartreuse de Gramont et ensuite celui de Bost. M. du Chayla marcha à la tête de son détachement avec vingt pontons et vingt pièces de canon, pour jeter un pont sur l'Escaut, afin d'empêcher six mille Anglais postés à Alost d'entrer dans la ville de Gand et d'en augmenter la garnison. Un petit détachement de hussards ennemis voulut reconnaître le chemin de Gand; les Grassins, qui tenaient la même route, les battirent et les obligèrent à se retirer. Les six mille Anglais, informés de cette déroute, s'avancèrent pour envelopper les Grassins, qui couvraient la marche de M. du Chayla. Ce fut en cette occasion que M. Grassin donna des preuves de sa valeur et de son expérience. Ce brave commandant fit un feu si vif, qu'il força les Anglais à le bloquer. Leur confiance les trahit :

[1] *Histoire du maréchal de Saxe*, par le baron d'Espagnac, t. II, p. 131.

au lieu d'attaquer les Grassins, ils attendirent ; et dans cet intervalle M. du Chayla arriva près de l'abbaye de Melle avec les troupes qu'il commandait. Ils s'avancèrent vers M. du Chayla et se portèrent à Melle ; ils avaient déjà enlevé les pontons et les canons, qu'ils faisaient marcher du côté de Gand. La brigade de Crillon les arrêta et soutint avec MM. de Granville et de Souvré le premier choc. Celle de Normandie s'y joignit. Le régiment de Laval suivit de près, reprit les vingt pontons et les vingt pièces de canon, qui furent pointées à l'instant contre les ennemis. Les Grassins tombèrent à leur tour sur les Anglais qu'ils mirent entre deux feux. Ce combat fut opiniâtre ; les Anglais furent entièrement rompus [1]. »

DVIII.

SURPRISE DE LA VILLE DE GAND. — 10 AU 11 JUILLET 1745.

Gouache par van BLAKEMBERG.

DIX.

PRISE DE GAND. — 11 JUILLET 1745.

GIGOUX. — 1837.

La marche de l'armée française entre l'Escaut et la Dendre semblait menacer Oudenarde : elle couvrait celle du comte de Lowendal et cachait son expédition.

« Le pont d'Espières, si renommé dans l'histoire par la marche extraordinaire de l'armée commandée par le

---

[1] *Campagnes de Louis XV*, p. 44-45.

maréchal de Luxembourg, en 1688, sous les ordres de Monseigneur (le grand dauphin), deviendra célèbre à jamais par le poste que le comte de Lowendal y prit pour marcher à la fameuse escalade de Gand.

« Ce fut là que ce général reçut les derniers ordres de sa majesté; M. du Chayla fut aussi chargé par le roi de la même expédition. Ces deux généraux, autant connus par leur expérience que par leur bravoure, se portèrent sur Gand, l'un par la droite et l'autre par la gauche de l'Escaut. Lorsque le comte de Lowendal fut arrivé à portée de Gand, il fit insulter le front de cette place, entre la porte Saint-Pierre et l'Escaut. Quoique le fossé fût large, profond et rempli d'eau, les troupes commandées pour une si grande entreprise, où il paraissait de la témérité, se jetèrent néanmoins dans ce fossé avec autant de hardiesse que de vivacité, et la place fut emportée l'épée à la main. Ce succès important ne coûta aux Français qu'un lieutenant tué d'un coup de fusil et deux dragons noyés.

« Le feu des Français servit de signal à M. du Chayla pour s'approcher de la ville; ce général fit tirer quelques coups de canon du côté de la porte Impériale, qui lui fut bientôt ouverte par le détachement de M. Lowendal: la garnison, composée de huit cents hommes, se retira avec précipitation dans le château, sous les ordres du baron de Kisegheim, où quatre jours après elle fut faite prisonnière de guerre. Les généraux français donnèrent ensuite des ordres si sages et si précis pour empêcher le désordre que les troupes victorieuses auraient pu faire, que les habitants de Gand, qui s'étaient couchés Autrichiens, furent moins surpris, en se réveillant, de se voir sous la domination française, que du bon ordre qui avait été établi dans leur ville : le calme qui y régnait leur représentait une véritable paix, quoiqu'ils fussent au milieu de la guerre.

« Les Français trouvèrent dans la ville de Gand de nombreux effets appartenant aux Anglais qui s'y étaient réfugiés après la bataille de Fontenoy ; ils y trouvèrent aussi des magasins de farine, un armement considérable de fusils, d'épées, de sabres, et l'habillement neuf et complet de plusieurs régiments ; plus de cinq cent mille rations de fourrage et quatorze mille sacs d'avoine, beaucoup de canons, avec ceux que les Anglais avaient fait venir de chez eux pour remplacer ceux qu'ils avaient perdus à la bataille de Fontenoy, dont vingt-sept pièces étaient en batterie sur le rempart et le reste dans des bélandres sur le canal, pour être conduites à Bruxelles. On y fit aussi plus de six cents prisonniers, tant Anglais qu'Hanovriens, qui s'y étaient retirés après la bataille pour se faire panser des blessures qu'ils y avaient reçues [1]. »

DX.

SIÉGE D'OUDENARDE. — 17 JUILLET 1745.

Tableau du temps, par IGNACE PARROCEL.

---

[1] *Conquêtes de Louis XV*, par Dumortous, p. 78-80.

DXI.

PRISE D'OUDENARDE. — 21 JUILLET 1745.

Gouache par van Blarenberg.

Après que le maréchal de Lowendal eut occupé la ville de Gand, il marcha sur Oudenarde, fit ouvrir la tranchée le 17 et jouer les batteries, qui furent si bien servies, que, dès la première canonnade, elles démontèrent deux de celles des assiégés. On capitula le 21 juillet.

DXII.

SIÉGE D'OSTENDE. — AOUT 1745.

Rioult.

DXIII.

SIÉGE D'OSTENDE. — AOUT 1745.

Gouache par van Blarenberg.

Le maréchal de Lowendal s'empara de Dendermonde, et marcha ensuite sur Ostende. « A peine la garnison eut-elle aperçu les Français dans les dunes, du côté de Nieuport, qu'elle fit un feu terrible pour empêcher leur approche. La vivacité du feu de la place n'intimida point les troupes destinées à la conquérir, et que le comte de Lowendal commandait. Les batteries furent bientôt dressées et on ne cessa de tirer sur la ville et sur le port. On écoula les eaux, et en moins de trois jours on tira contre le corps de la place, et on était à l'abri du canon des vaisseaux anglais qui côtoyaient les dunes. Ces vaisseaux entrèrent dans le port d'Ostende, où ils ne furent pas longtemps en sûreté. Une bombe que les Français y jetèrent pendant la nuit coula un de ces vaisseaux à fond et les autres se retirèrent, et la même nuit les assiégeants se rendirent maîtres de l'avant-chemin couvert.

« Le roi examina lui-même les dispositions du siége et du camp, renforça les brigades et fixa l'attaque du chemin couvert. Les assiégés se défendirent avec la plus extraordinaire intrépidité. Ils se retirèrent avec précipitation dans la place, où ils furent pressés par les Français, et d'où ils arborèrent le drapeau blanc[1]. »

DXIV.

SIÉGE D'ATH. — 2 AU 8 OCTOBRE 1745.

Gouache par van BLAREMBERG.

Le comte de Lowendal, s'étant emparé de Nieuport, « de tout le pays que la reine de Hongrie possédait depuis la Dendre jusqu'à la mer, il ne lui restait plus que la ville d'Ath. Le maréchal de Saxe fit toutes les dispositions pour le siége de cette place, dont il confia la conduite au comte de Clermont-Gallerande. Les ennemis, voulant secourir cette place, firent avancer un

[1] *Campagnes de Louis XV*, p. 46.

corps de troupes aux environs de Halle; mais le comte d'Estrées, qui marchait à Enghien à la tête de vingt-huit escadrons, se replia sur M. de Clermont-Gallerande, et leur jonction forma un corps de vingt-trois mille hommes bien en état de résister à toutes les entreprises des ennemis. Le duc de Cumberland augmenta de huit mille hommes le corps de troupes qu'il avait déjà fait avancer du côté de Halle. Le maréchal de Saxe fit échouer tous ces projets en se portant aux endroits d'où l'on pouvait secourir la place, qui se rendit le 8 octobre 1745[1]. »

DXV.

SIÉGE DE BRUXELLES. — FÉVRIER 1746.

Rubio. — 1837.

DXVI.

SIÉGE DE BRUXELLES. — FÉVRIER 1746.

Gouache par van Blarenberg.

« Pendant que les prospérités de la France semblaient devoir chasser pour jamais la maison d'Autriche de la Flandre, la reine de Hongrie rassemblait toutes ses forces sous les murs de Francfort. Cette princesse fit élire empereur, dans cette ville, le grand duc de Toscane, son époux, sous le nom de François Ier; cette cérémonie se fit le 12 septembre 1745. Le roi de Prusse fit protester de nullité par ses ambassadeurs; l'électeur

---

[1] *Campagnes de Louis XV,* p. 47.

palatin, dont l'armée autrichienne avait ravagé les terres, protesta de même. Les ambassadeurs électoraux de ces deux princes se retirèrent de Francfort; mais l'élection ne fut pas moins faite dans les formes, aux termes de la bulle d'or, qui dit que « si les électeurs ou leurs « ambassadeurs se retirent du lieu de l'élection, avant « que le roi des Romains, futur empereur, soit élu, ils « seront privés cette fois de leur droit de suffrage, « comme étant censés l'avoir abandonné.

« Cette élévation de François Ier à l'empire ne devait pas ralentir les hostilités; et la France, abandonnée par le roi de Prusse, qui avait fait sa paix particulière avec la reine de Hongrie, n'en suivit pas moins ses conquêtes[1]. »

Le maréchal de Saxe fit les dispositions du siége de Bruxelles au milieu d'un hiver rigoureux. Les troupes réparties dans les différentes garnisons de la Flandre eurent ordre de se rendre à Maubeuge, Ath, Tournay, Oudenarde, Gand et Dendermonde. Le maréchal de Saxe se porta ensuite sur Bruxelles, et laissa un corps de troupes pour observer les mouvements des garnisons de Mons et de Charleroi, et les empêcher de faire aucune tentative qui pût arrêter sa marche.

La tranchée fut ouverte devant Bruxelles, le 7 février, vis-à-vis de l'ouvrage à corne de la porte de Scaerbeck : « Les efforts furent si heureux, que les travaux s'élevèrent avec une activité prodigieuse; bientôt deux batteries menacèrent la ville et commencèrent à lancer

---

[1] *Campagnes de Louis XV*, p. 51.

des boulets et des mortiers. Le feu des assiégés était vif et bien servi; mais l'ardeur des assiégeants ne se ralentissait point : les brèches du corps de la place et de l'ouvrage à corne étaient devenues praticables. Les assiégés, pour prévenir l'assaut, arborèrent le drapeau blanc le 20 février, et la capitulation fut signée le même jour; la garnison se rendit prisonnière de guerre[1]. »

DXVII.

SIÉGE D'ANVERS. — MAI 1746.

Gouache par van Blaremberg.

« Tout le Brabant, Louvain, Malines, Lierre, Arschot et le fort Sainte-Marguerite étaient conquis. Le siége d'Anvers fut résolu; la ville fut bientôt abandonnée, et le siége de la citadelle ne fut point différé.

« M. le comte de Clermont était chargé du siége d'Anvers. M. le maréchal de Saxe et le comte d'Argenson, ministre de la guerre, vinrent reconnaître ses travaux, et leur suffrage le détermina à ordonner l'ouverture de la tranchée le 26 mai 1746. Trois mille six cents travailleurs étaient employés à cette opération, soutenus de douze compagnies de grenadiers, de deux bataillons du régiment d'Auvergne et du régiment suisse de Bettens, commandés par M. Thomé, maréchal de camp, et le marquis de Berville, brigadier.

« Quatorze pièces de canon attaquèrent la citadelle

---

[1] *Campagnes de Louis XV,* p. 52.

sans relâche : bientôt de nouvelles batteries furent établies ; les sapes étaient avancées jusqu'aux palissades. Le chemin couvert fut à la disposition des Français, et le gouverneur d'Anvers, après une courageuse résistance, capitula le 31 mai. Il obtint pour la garnison les honneurs de la guerre. Il fut aussi obligé de rendre le fort Sainte-Marie, situé sur la rive gauche de l'Escaut, vis-à-vis le fort Saint-Philippe[1]. »

DXVIII.

ENTRÉE DE LOUIS XV A ANVERS. — 4 JUIN 1746.

Hipp. Lecomte. — 1837.

« Pendant ce temps le roi parcourt le pays qu'il vient de conquérir par la seule terreur de ses armes, verse partout ses bienfaits et fait chérir son humanité. Lorsqu'il entra dans Malines, le cardinal-archevêque, prélat distingué par ses mœurs et ses lumières, lui tint ce discours éloquent :

« Sire, le Dieu des armées est aussi le Dieu de mi« séricorde. Tandis que votre majesté lui rend des ac« tions de grâces pour ses victoires, nous lui offrons des
« vœux pour les faire heureusement cesser par une paix
« prompte et durable. Le sang de Jésus-Christ est le seul
« qui coule sur nos autels ; tout autre nous alarme. Un
« prince de l'Église doit avoir le courage d'avouer cette
« peur devant un roi très-chrétien. »

[1] *Campagnes de Louis XV*, p. 53-54.

« Monsieur l'archevêque, répondit Louis XV, vos
« vœux sont conformes à mes désirs, qui ne tendent
« qu'à porter mes ennemis à la paix; c'est l'unique but
« de mes démarches et le succès que j'attends de mes
« efforts[1]. »

Louis XV fit ensuite son entrée à Anvers, le 4 juin
1746. Tout le clergé et les magistrats allèrent au-devant
du roi hors des portes de la ville.

DXIX.

SIÉGE DE MONS. — JUILLET 1746.

Tableau du temps, par LENFANT.

DXX.

SIÉGE DE MONS. — JUILLET 1746.

Gouache par VAN BLAREMBERG.

Louis XV, ayant achevé de réduire le Brabant sous
son obéissance, résolut de conquérir tout ce qui restait
encore dans le Hainaut à l'impératrice Marie-Thérèse.
Le siége de Mons fut entrepris; le prince de Conti, qui
s'était fait si honorablement connaître à la bataille de
Coni, en eut la conduite.

« Ce prince enflamma, par son exemple, les troupes
et redoubla leur zèle. Le 7 juin il fit investir la place
d'un côté par le duc de Boufflers, avec seize bataillons

---
[1] *Campagnes de Louis XV.* p. 53.

et vingt-quatre escadrons, de l'autre, par le comte d'Estrées, avec trente bataillons.

« Les attaques furent ordonnées vingt-quatre heures après l'établissement des batteries. Dans la nuit du 24 au 25 juin la tranchée fut ouverte en deux endroits, l'une sur le front de Bertamont, l'autre sur celui de Nimy.

« Les assiégés, harcelés de toutes parts, se défendaient avec une opiniâtreté égale à l'ardeur des assiégeants. Leurs efforts étaient vains : les mines du demi-bastion furent éventées; on avança la sape, on multiplia les tranchées. Les assiégés, hors d'état de pouvoir ralentir l'impétuosité d'un feu aussi terrible, furent forcés de capituler le 10 juillet 1746. La garnison, composée de six bataillons des troupes de la reine de Hongrie, de six bataillons hollandais et quelques escadrons, fut faite prisonnière de guerre [1]. »

DXXI.

SIÉGE DE SAINT-GUILHAIN. — JUILLET 1746.

Tableau du temps, par VERDUSSEN.

Le siége de Saint-Guilhain suivit de près la prise de Mons. Le maréchal de Saxe, s'étant chargé de cette expédition, avait fait investir la place le 14 juillet. La redoute de Bourdon fut enlevée dans la nuit du 17 au 18, la tranchée ouverte du 21 au 22, et les grenadiers s'emparèrent de l'ouvrage avancé dans la nuit du 23

---

[1] *Campagnes de Louis XV*, p. 55.

au 24. L'attaque fut continuée pendant le jour, et les assiégés, forcés dans leurs retranchements, demandèrent à capituler le 25. La garnison se rendit prisonnière de guerre.

DXXII.

SIÉGE DE CHARLEROI. — 2 AOUT 1746.

Tableau du temps, par IGNACE PARROCEL.

La ville de Charleroi sur la Sambre avait été investie le 14 juillet, aussitôt après la prise de Mons. Le prince de Conti commanda ce siége. La tranchée ayant été ouverte dans la nuit du 28 au 29, on ne tarda pas à attaquer la place, qui fut vivement défendue.

« Ce fut vers la porte de Bruxelles que toutes les horreurs d'un siége cruel parurent se réunir. Les assiégés, qui défendaient cette porte avec la plus grande intrépidité, cédèrent enfin à la fureur des grenadiers français, qui, maîtres du chemin couvert, et déjà répandus dans la ville, la menaçaient de l'emporter d'assaut. Le drapeau blanc qu'on arbora sur le bastion gauche dissipa ce dernier orage ; la capitulation fut signée le 2 août, après trois attaques vigoureuses. La garnison, composée de trois bataillons, fut faite prisonnière de guerre [1]. »

[1] *Campagnes de Louis XV*, p. 56.

DXXIII.

SIÉGE DE LA VILLE DE NAMUR. — SEPTEMBRE 1746.

Tableau du temps, par IGNACE PARROCEL.

DXXIV.

SIÉGE DE LA VILLE DE NAMUR. — SEPTEMBRE 1746.

Gouache par VAN BLAREMBERG.

« Il ne restait plus à la reine de Hongrie, entre la mer et la Meuse, que la ville de Namur, d'où elle pouvait menacer les anciennes frontières de France et pénétrer dans les nouvelles conquêtes du roi : cette dernière ville attira toute la vigilance du prince Charles de Lorraine, qui fit tout ce qu'il pouvait pour la conserver : il rassembla toutes ses forces dans un camp avantageusement placé ; il s'y retrancha par des travaux multipliés, et rendit impénétrables toutes les issues qui menaient à Namur. Les obstacles semblaient s'entasser et s'élever à chaque pas.

« Le maréchal de Saxe marcha contre lui. Sa marche fut si bien concertée, il choisit des postes si avantageux, qu'il parvint à couper toutes les subsistances au prince Charles de Lorraine. Cette adresse fut heureuse ; elle obligea les alliés d'abandonner leur camp et de chercher un autre asile au delà de la Meuse.

« Namur fut investi le 9 septembre. Cinquante-neuf

bataillons et cinquante-six escadrons, commandés par le comte de Clermont, attaquèrent la ville. Cinq batteries de canon ouvrirent le siège par un feu aussi vif que meurtrier. La ville capitula le 19 septembre[1]. »

DXXV.
PRISE DES CHÂTEAUX DE NAMUR. — 30 SEPTEMBRE 1746.

Gouache par van Blaremberg.

« Le commandant se retira avec sa garnison dans les châteaux, qu'on assiégea cinq jours après. Le feu des assiégés était violent et continu ; mais celui des assiégeants, devenu plus terrible par l'établissement de nouvelles batteries, les força de capituler le 30 septembre. La garnison se rendit prisonnière de guerre[2]. »

DXXVI.
BATAILLE DE ROCOUX. — 11 OCTOBRE 1746.

Roqueplan. — 1837.

DXXVII.
BATAILLE DE ROCOUX. — 11 OCTOBRE 1746.

Gouache par van Blaremberg.

Le maréchal de Saxe avait offert au prince Charles de Lorraine, pour ménager le sang du soldat, de mettre de part et d'autre les troupes en quartier d'hiver. Cette

---
[1] *Campagnes de Louis XV.* p. 57.
[2] *Ibid.*

offre, faite par un ennemi supérieur en nombre, et dans l'entraînement de la victoire, fut rejetée par le général autrichien. Il s'était flatté, dans son orgueilleuse obstination, d'arrêter sous Liége la marche victorieuse de l'armée française. Son camp était assis entre Houtain et Grasse. « Le maréchal de Saxe poursuivait ses avantages, et allait bientôt attaquer le prince Charles de Lorraine. L'armée française avait passé le Jaar et occupait le terrain qui sépare les deux chaussées qui conduisent à Liége ; elle était rangée sur quatre lignes ; la droite était appuyée à Hognoul, la gauche sur Neudorp. Un corps de réserve formait la troisième ligne derrière le village de Houté, et celui que commandait le marquis de Contades formait la quatrième. Les troupes détachées, aux ordres du comte de Clermont et du comte d'Estrées (depuis maréchal de France), campèrent en avant de l'armée, sur la chaussée de Saint-Tron à Liége, et celles que commandaient MM. de Clermont-Gallerande et de Mortagne se placèrent à la gauche.

« L'ordre le plus exact régnait dans tous les rangs : le jour convenu étant arrivé, le maréchal de Saxe fit battre la générale, et l'armée marcha sur dix colonnes parallèles jusqu'à la hauteur du village de Lointain, qui avait été donné pour le point de direction de la marche de chaque colonne. A cet endroit la cavalerie des deux ailes se mit en ordre de bataille, et l'infanterie, chargée des attaques, resta en colonnes par bataillons.

« Le prince Charles de Lorraine s'avança à cinq cents pas environ de son camp, sans abandonner les différents postes qu'il occupait sur les hauteurs, et fit ses dispositions pour le combat.

« Le feu du canon placé à la droite de l'armée française en donna le signal. L'action s'engagea dans le faubourg de Sainte-Valburg et dans le village d'Ance. Le comte de Clermont et le comte d'Estrées, à la tête des brigades de Picardie, de Champagne, de Monaco, de Ségur, de la Fère, de Bourbon, poussèrent les alliés si vivement, qu'ils furent chassés de ces deux postes.

« Le maréchal de Saxe s'exposa comme le moindre soldat, et parut à la tête de toutes les brigades, bravant le feu du mousquet et du canon. Il se signala personnellement comme officier au camp de Varoux; et c'est cette bravoure qui enflammait l'âme du soldat. Les alliés, encore chassés de ce nouveau poste, étaient consternés ; ils se replièrent contre le village de Rocoux, où le marquis d'Hérouville conduisit les brigades de Navarre, d'Auvergne, de Royal, de Montmorin : elles y firent des prodiges de valeur, et battirent entièrement les alliés. Le maréchal de Saxe les avait suivies à la tête de six bataillons : tout pliait devant lui; la cavalerie hollandaise effrayée jeta la confusion dans l'armée alliée, et occasionna une désertion générale; la fuite fut la ressource des vaincus. Les alliés eurent dans ce combat sept mille hommes tant tués que blessés ; on leur fit mille prisonniers, et on leur enleva cinquante pièces de canon et dix drapeaux. Du côté des Français il y eut trois mille hommes tués ou blessés [1]. »

[1] *Campagnes de Louis XV*, p. 58-59.

DXXVIII.

ENTRÉE DE LOUIS XV A MONS. — 30 MAI 1747.

Gouache par van Blarembern.

Quelques avantages remportés en Italie, et les victoires navales de l'Angleterre, rendirent aux alliés la confiance. Ils firent de nouveaux efforts, et Maëstricht fut rempli de prodigieux approvisionnements de guerre. Louis XV, cependant, maître de la Flandre autrichienne, proposait encore la paix : elle fut refusée. Le maréchal de Saxe, à qui Louis XV avait donné, après la bataille de Rocoux, le titre de maréchal général des armées du roi, porté seulement avant lui par Turenne, fut chargé de poursuivre une guerre qu'il avait si glorieusement commencée. Il était convenu qu'il porterait ses armes dans la Flandre hollandaise : on voulait ainsi forcer les États-Généraux à se détacher de l'alliance impériale.

Le 20 avril Maurice fit une revue générale de l'armée dans les différents cantonnements qu'elle occupait. Le comte de Lowendal, qui était sous ses ordres, se mit aussitôt après en marche : il s'empara des villes de l'Écluse, d'Issendick et du Sas de Gand, les 22, 25 et 30 avril. D'un autre côté, le marquis de Montmorin se rendit maître de Philippine presque en vue de la flotte anglaise, qui se trouvait à l'embouchure de l'Escaut, où elle couvrait Flessingue et Middelbourg. Hulst capitula le 1ᵉʳ mai, et Axel le 16. En moins d'un mois presque toute la Flandre hollandaise se trouvait occupée par les Français.

En 1672 la Hollande, menacée par Louis XIV, avait remis ses destinées aux mains de Guillaume, en le nommant stathouder. L'influence anglaise fit, en 1749, parodier cette grande mesure de patriotisme; et, pour sauver l'indépendance hollandaise, on nomma stathouder héréditaire Guillaume de Nassau, qui ne fit rien pour elle.

Cependant le duc de Cumberland, qui était venu du champ de bataille de Culloden prendre le commandement des armées alliées, après avoir fait une démonstration contre Anvers, s'était porté sur Maëstricht pour protéger cette ville, menacée par les armes françaises. Le maréchal de Saxe, suivant les mouvements de l'armée ennemie, manœuvra alors pour la rencontrer. Une bataille était inévitable. Louis XV accourut de Versailles pour y prendre part. Le 30 mai il était à Mons, où il fit son entrée, et fut reçu par le clergé et tous les corps de la ville qui étaient allés à sa rencontre.

DXXIX.

BATAILLE DE LAWFELD. — 2 JUILLET 1747.

Couder. — 1836.

DXXX.

BATAILLE DE LAWFELD.— 2 JUILLET 1747.

Tableau du temps, par LENFANT.

DXXXI.

BATAILLE DE LAWFELD.— 2 JUILLET 1747.

Tableau du temps, par CHARLES PARROCEL ; terminé par PIERRE FRANQUE.

DXXXII.

BATAILLE DE LAWFELD.— 2 JUILLET 1747.

Gouache par VAN BLARENBERG.

Le lendemain Louis XV arriva à Bruxelles, où il avait été précédé de quelques jours par le maréchal de Noailles. Le comte de Lowendal resta dans cette ville avec quelques bataillons pour la défendre en cas d'attaque. L'armée alliée ayant fait un mouvement pour se porter aux environs de Lawfeld, le maréchal de Saxe, saisissant l'occasion, s'empressa de prendre les ordres du roi pour livrer bataille.

Il faut citer ici les propres paroles du maréchal de Saxe faisant au roi de Prusse le récit de cette journée. L'auteur d'un si beau fait d'armes en est le meilleur historien, comme le meilleur juge en était alors le grand Frédéric.

« Les ennemis, dit-il, étaient sur la Nèthe et nous derrière la Dyle, entre Louvain et Malines. Des armées ne peuvent guères quitter ces sortes de positions sans qu'il n'en résulte quelque événement : les alliés avaient pris cette position intermédiaire pour couvrir Berg-op-Zoom et Maëstricht, deux points fort éloignés, et où nous conduisaient l'Escaut et la Meuse. Je n'osais quitter le bassin de Bruxelles pour me porter à Maëstricht, parce que, si les ennemis avaient une fois passé la Dyle, et s'étaient placés derrière cette rivière, je n'aurais pu les en déloger.....

« J'ai temporisé dans cette position jusqu'en juin, dans l'espérance que le défaut de subsistances obligerait nos ennemis à se déplacer : je voulais aussi donner aux grains le temps de mûrir, afin de conserver ma cavalerie en bon état pour le reste de la campagne ; mais, les ennemis ne bougeant point, je poussai, le 12 juin, M. le comte d'Estrées, avec un corps, à Tirlemont, et M. le comte de Clermont du côté de Jodoigne, pour voir quels mouvements les ennemis feraient..... »

Après avoir parlé des dispositions prises successivement par les deux armées, le maréchal ajoute : « Je m'ébranlais pour attaquer le camp de la Commanderie, lorsque je vis toute l'armée des ennemis se déployer dans la plaine. Le roi était à trois lieues de moi avec le reste de l'armée, qui avançait à tire-d'aile. Je ne voulus point me charger de l'événement de ce combat : ayant mon maître si près de moi, je le fis avertir. Les ennemis me tâtèrent ; je ne fis que soutenir jusqu'à l'arrivée du roi, qui me joignit à quatre heures après midi : le corps de l'armée resta en delà de Tongres pour mettre les tentes bas, repaître, et recueillir les traîneurs. A sept heures du soir les troupes se mirent en marche, et arrivèrent à dix heures du soir. Les ennemis employèrent le reste du jour à se former, et restèrent avec leur droite au Vieux-Ione, la gauche tirant sur Maëstricht, ou plutôt au Jaar, vers les hauteurs du camp Saint-Pierre. Nous avions notre gauche sur les hauteurs de Hëerderen, et la droite à Esmaël. On pouvait espérer qu'en battant les ennemis ils seraient obligés de se retirer le long de la Meuse, vers Ruremonde, ce qui nous donnait les moyens de jeter nos ponts au-dessus de Maëstricht, et de faire le siége de cette place : c'est ce qui nous détermina à les attaquer. Leur droite, où était M. de Bathiany avec les Autrichiens, était avantageusement placée, appuyant à la Commanderie du Vieux-Ione, qui a une grande enceinte murée et fortifiée, et au grand Spauwen, retranché en amphithéâtre ; ils avaient devant leur centre le hameau de Lawfeld, et leur première ligne en était distante d'une demi-portée de fusil. Ce hameau n'était occupé au commencement que par quelques pandours ; je résolus de m'en emparer, parce que de là je pouvais fort incommoder leur centre en m'établissant dans les haies de ce village, qui sont revêtues de terre et garnies de fortes épines ; je fis donc en conséquence mes dispositions. Pendant ce temps-là les ennemis mirent le feu au village de Vlitingen et au hameau de Lawfeld.....

« Comme mon objet principal était de percer les ennemis par le centre, tandis que je faisais attaquer leur gauche et tenais leur droite en échec, j'y mis toute mon attention : les ennemis commencèrent d'abord par nous canonner fort violemment, ayant près de deux cents pièces de canon de tous calibres. Insensiblement l'infanterie du comte de Clermont s'approcha du hameau de Lawfeld, et l'attaqua par trois colonnes en face et dans les deux flancs : la colonne de la droite y entra, celle du centre y pénétra aussi, mais celle de la gauche ne put avancer, l'ennemi étant plus en force vis-à-vis d'elle. »

Le village de Lawfeld résistait à toutes les attaques qui avaient été dirigées contre lui.

« Alors, ajoute le maréchal, nous attaquâmes, la baïonnette au bout du fusil, sans tirer, les troupes qui soutenaient le village, et les mîmes en désordre. Dans ce moment les ennemis qui soutenaient le combat dans le village, entendant tirer derrière eux, abandonnèrent les haies; nos troupes qui les attaquaient par l'autre extrémité les suivirent, et dans un instant toute la bordure du village fut occupée par notre infanterie avec des cris et un feu épouvantables. La ligne des ennemis en fut ébranlée; deux brigades de notre artillerie qui m'avaient suivi se mirent à tirer, ce qui augmenta le désordre. Il nous était arrivé sur la gauche deux brigades de cavalerie; j'en pris deux escadrons, et ordonnai au marquis de Bellefonds, qui les commandait, de pousser à toutes jambes dans l'infanterie ennemie, et criai aux cavaliers : *Comme au fourrage, mes enfants.*

« Mon canon, qui avait passé avec moi à la gauche de Lawfeld, tourna ce hameau, et s'établit sur une élévation d'où il battait toute cette infanterie qui marchait devant nous, et y causait un grand dommage. Elle avait, entre nous et elle, une ligne de cavalerie qui favorisait sa retraite. Je dis au comte d'Estrées de la pousser sur leur infanterie; mais, comme je donnais cet ordre, cette cavalerie, sentant la nécessité de sauver son infanterie mise en désordre, nous sauta au visage, et nous causa quelque trouble. Elle fut étrillée d'importance, mais elle sauva cette infanterie, que nous ne revîmes plus. M. de Ligonnier, qui fit cette prompte et belle manœuvre, y fut pris prisonnier; les escadrons gris, qui chargèrent avec lui, et quelques escadrons hessois furent taillés en pièces. Ne voyant presque plus d'ennemis à cette droite, le reste se retirant en déroute vers la basse Meuse, je recommandai à M. le comte de Clermont de les suivre, et je m'en fus à notre gauche, où était le roi, et vis-à-vis de lui M. de Bathiany avec vingt-sept mille hommes. Il était trois heures après midi : ainsi cette attaque avait duré environ cinq heures, ayant commencé entre neuf et dix heures du matin [1]. »

Au moment où arrivait le maréchal, le comte de Clermont venait « de mettre en déroute l'aile gauche des ennemis. Le roi faisait attaquer alors l'aile droite, composée des troupes de la reine de Hongrie, qui jusque-là n'avaient pris aucune part à l'action. Le maré-

[1] *Histoire du maréchal de Saxe*, par le baron d'Espagnac, t. II, p. 349-360.

chal de Saxe, à la tête des brigades d'infanterie que commandait le marquis de Senectère, porta les premiers coups. Le comte de Clermont-Tonnerre, le marquis de Gallerande, poursuivirent les ennemis assez loin, et firent un carnage affreux de tout ce qu'ils atteignirent.

« Cette bataille se donna le 2 juillet 1747; la perte des Français fut évaluée à six mille hommes, tant tués que blessés, et celle des ennemis à dix mille : on leur fit douze cents prisonniers dans le village de Lawfeld, et plus de neuf cents dans la poursuite; on leur prit vingt-neuf pièces de canon, deux paires de timbales, neuf drapeaux et sept étendards [1]. »

Louis XV, rapporte Voltaire, rendit cette bataille célèbre par le discours qu'il tint au général Ligonnier, qu'on lui amena prisonnier : « Ne vaudrait-il pas mieux, dit-il en lui montrant le village de Lawfeld, qui était la proie des flammes, songer sérieusement à la paix que de faire périr tant de braves gens [2]? »

DXXXIII.

SIÈGE DE LA VILLE DE BERG-OP-ZOOM. — JUILLET 1747.

INVESTISSEMENT DE LA PLACE.

J. J. PARROCEL.

---

[1] *Campagnes de Louis XV*, p. 68.
[2] *Siècle de Louis XV*, chap. XXVI.

DXXXIV.

SIÉGE DE LA VILLE DE BERG-OP-ZOOM. — 14 JUILLET AU 15 SEPTEMBRE 1747.

Gouache par van Blarembert.

La prise de Maëstricht était le but de la bataille de Lawfeld. Mais l'armée ennemie s'étant retirée de l'autre côté de la Meuse, sous les murs de cette place, le maréchal de Saxe ajoute, dans sa lettre au roi de Prusse :

« Notre projet sur Maëstricht étant manqué, j'écrivis au comte de Lowendal, qui était resté à Louvain avec seize bataillons et trente-deux escadrons, de marcher à Berg-op-Zoom, pour en faire le siége. Les alliés ayant fait passer depuis, et envoyant journellement des troupes de leur armée vers Berg-op-Zoom, le roi a renforcé le comte de Lowendal de plusieurs bataillons et d'escadrons, de sorte qu'il a actuellement sous ses ordres quarante-deux bataillons et soixante et dix escadrons, un bataillon de royal-artillerie et les volontaires bretons.

« La tranchée a été ouverte devant Berg-op-Zoom le 14 ; et, comme la place peut être rafraîchie, n'étant pas investie, ce siége pourrait être meurtrier, d'autant que les assiégés ne manqueront pas d'employer tout ce que l'art indique en pareil cas.

« Le comte de Lowendal, prévenu que l'ennemi était en force près de Berg-op-Zoom, s'attendait à livrer un combat avant d'en pouvoir faire le siége ; mais, voyant que les ennemis, au lieu d'en défendre les approches, s'étaient retirés derrière leurs retranchements, il jugea qu'il aurait moins à combattre la résistance des troupes que la bonté de la place et les difficultés inséparables de l'exécution d'un projet aussi extraordinaire.

« Berg-op-Zoom, le chef-d'œuvre du fameux ingénieur hollandais Cohorn, avait la réputation d'avoir été vainement assiégé dans les temps antérieurs, et passait dans l'Europe pour imprenable; il ne pouvait être investi que par un seul côté, où le rival du maréchal de Vauban avait employé son savoir. Deux cents bouches à feu défendaient les remparts; la place était abondamment pourvue de munitions de bouche et de guerre, et elle avait la facilité de s'en procurer par mer et par terre; sa garnison communiquait avec un corps considérable de troupes, campé derrière des lignes, protégées par des marais qui régnaient sur tout leur front, et qui, dans les endroits accessibles, d'ailleurs très-étroits, étaient défendus par des forts revêtus, dont chacun exigeait un siége. Les alliés avaient à portée de cette ville un corps de troupes nombreux, et qui pouvait être renforcé, et par ce qu'ils avaient derrière les lignes de Steenberg, et par leur grande armée. Il était aisé de juger que, s'ils ne pouvaient faire lever le siége par un acte de vigueur, ils étaient du moins en état ou de le prolonger, ou de forcer les Français à l'abandonner. Il était, en effet, difficile de commencer ce siége avant la mi-juillet, et il fallait qu'il fût fini avant la fin de septembre, à cause des fièvres biliaires qui, dans l'arrière-saison, sont le fléau annuel des habitants du pays. Il n'y avait pas moins à craindre que les mauvais temps ne rendissent les chemins des convois impraticables. Cette entreprise enfin était faite contre les principes de guerre accrédités; aussi le succès en parut-il impossible à bien du monde[1]. »

La tranchée fut ouverte dans la nuit du 14 au 15 juillet; les attaques furent poussées avec la plus grande vigueur; les assiégés se battirent en désespérés, et opposèrent la plus opiniâtre résistance.

DXXXV.

PRISE D'ASSAUT DE LA VILLE DE BERG-OP-ZOOM. — 16 AOUT 1747.

Gouache par van BLAREMBERG.

Le 16 août le comte de Lowendal ordonna l'assaut.

« Les soldats enfoncèrent tout ce qui s'opposait à leur passage, forcèrent les retranchements, et se mirent en bataille sur chaque bastion, et sur le rempart à droite et à gauche. Le carnage fut affreux ; aucun officier ni soldat n'échappa à leur fureur ; ils se rendirent maîtres de la ville, taillèrent en pièces et dispersèrent tout ce qu'ils rencontrèrent dans les rues; le reste de la garnison se rendit, ainsi que ceux qui défendaient les forts de Mormont, de Pensem, de Rouvers. Le pillage, qui fut permis, mit le comble aux malheurs de Berg-op-Zoom.

---

[1] *Histoire du maréchal de Saxe*, par le baron d'Espagnac, t. II, p. 346-362.

« Ce siége fut récompensé par le bâton de maréchal de France, que le roi donna au comte de Lowendal[1]. »

DXXXVI.

COMBAT DU VAISSEAU L'INTRÉPIDE CONTRE PLUSIEURS VAISSEAUX ANGLAIS. — 17 OCTOBRE 1747.

GILBERT (d'après un tableau du temps). — 1835.

Pendant que les armes de la France triomphaient ainsi sur le continent, elles étaient moins heureuses sur mer. Les flottes réunies de la Hollande et de l'Angleterre avaient presque détruit la marine française, tristement déchue depuis les dernières années de Louis XIV. C'étaient des particuliers, de simples armateurs, qui seuls relevaient alors l'honneur du pavillon national; et tandis que les escadres anglaises, sous les amiraux Anson et Hawke, dominaient sans contestation dans l'Atlantique, deux hommes, à force de talent et de courage, étaient parvenus à maintenir la supériorité de la France dans les mers de l'Inde. La prise de Madras, capitale des possessions anglaises, en 1746, immortalisa le nom de Labourdonnais, et Dupleix ne se signala pas moins, la même année, par sa belle défense de Pondichéry. Trop heureux si une basse jalousie n'eût point souillé sa gloire!

Il faut citer aussi, parmi les faits glorieux qui vinrent rompre alors la triste continuité de nos revers mari-

[1] *Campagnes de Louis XV*, p. 69.

times, l'action hardie du commandant du vaisseau *l'Intrépide*.

Une escadre de huit bâtiments de l'état, sortie de l'île d'Aix, escortait deux cent cinquante vaisseaux marchands. Le 17 octobre 1747, à la hauteur du cap Finistère, elle rencontra une flotte anglaise composée de vingt-trois vaisseaux, et commandée par l'amiral Hawke. « Le chef d'escadre, rapporte l'auteur des Campagnes de Louis XV, manœuvra pour favoriser la fuite des navires marchands ; mais leur mauvaise disposition, leur marche inégale, leur trouble à l'aspect d'une flotte supérieure à celle qui les défendait, en laissèrent une partie à la portée des Anglais. Ils furent enveloppés ; l'escadre s'avança pour les dégager, et le combat commença. Les vaisseaux de guerre s'y virent bientôt investis eux-mêmes, tellement que chacun d'eux en combattait plusieurs d'une force supérieure. Il leur était impossible de se porter un mutuel secours. *Le Neptune*, *le Monarque*, *le Fougueux*, *le Sévère*, ne se rendirent que lorsqu'ils furent entièrement désemparés. *Le Tonnant*, que montait M. l'Étenduère, commandant de l'escadre, avait successivement essuyé le feu de toute la ligne anglaise ; plusieurs fois il s'était vu au milieu de trois ou quatre vaisseaux qu'il avait repoussés ; mais, après la réduction des quatre vaisseaux français, tous les efforts de l'amiral Hawke se réunirent contre lui. Ses manœuvres furent hachées, ses voiles criblées ; son mât de perroquet de fougue tomba ; la chute de son artimon paraissait inévitable ; il allait se rendre ou périr, lorsque

M. de Vaudreuil, qui commandait *l'Intrépide*, traversa la flotte anglaise et vint le secourir. *Le Terrible* et *le Trident* veulent suivre cet exemple, mais il leur est funeste, et ils sont forcés de se rendre. *L'Intrépide* et *le Tonnant* restent donc exposés seuls à tout le feu de l'artillerie d'une flotte entière. Déjà cinq vaisseaux anglais désemparés sont contraints de se retirer; d'autres reviennent à la charge, puis s'éloignent aussi pour réparer leur dommage. Tandis qu'ils se préparent à un nouveau combat, M. de l'Étenduère fait fausse route, leur échappe à la faveur des ténèbres, et *le Tonnant* rentre dans Brest, remorqué par *l'Intrépide* [1]. »

DXXXVII.

SIÉGE DE MAESTRICHT. — 7 MAI 1748.

Gouache par van Blarembreg.

Après la prise de Berg-op-Zoom, qui avait frappé de consternation les Provinces-Unies, Louis XV offrit encore la paix aux alliés. Ils s'obstinèrent à la refuser, et il fallut la leur imposer par les armes. « La paix est dans Maëstricht, » dit le maréchal de Saxe; et le siége de cette ville fut décidé.

C'était une grave et difficile opération que de venir assiéger une place aussi forte et aussi puissamment défendue, en face d'une armée de quatre-vingt mille en

[1] *Campagnes de Louis XV.* p. 79.

nemis. Tout l'effort du génie du maréchal de Saxe fut de tromper sur ses intentions le duc de Cumberland, qui de la Haye observait ses mouvements. Il envoya son lieutenant, le maréchal de Lowendal, opérer dans le Luxembourg, pour se rabattre ensuite sur Maëstricht par la rive droite de la Meuse, tandis que lui-même faisait semblant de se porter sur Breda, et, revenant brusquement sur la rive gauche du fleuve, investissait de ce côté la ville qu'il voulait assiéger. Cette savante manœuvre réussit à souhait : le 9 avril le maréchal de Saxe était sous les murs de Maëstricht, et Lowendal y arriva quatre jours après.

Aussitôt les travaux du siége commencèrent, et ils furent poussés avec la plus grande activité. Dans la nuit du 15 au 16 la tranchée fut ouverte, et les deux maréchaux encouragèrent cette opération de leur présence. Elle était nécessaire aux troupes, qui avaient à subir à la fois le feu de l'ennemi et les rigueurs d'une saison contraire. Enfin, malgré la résistance courageuse des assiégés et leurs fréquentes sorties, malgré les menaces du duc de Cumberland, qui vint se présenter devant les lignes françaises sans oser les assaillir, les travaux furent poussés avec une telle vigueur, que le 4 mai au matin le maréchal de Saxe ordonna pour la nuit l'attaque du chemin couvert.

« Mais à midi le lord Sackville, aide de camp du duc de Cumberland, arriva à l'abbaye d'Hochten avec une lettre de ce prince, où il donnait avis au maréchal de Saxe que les préliminaires de paix venaient d'être signés à Aix-la-Chapelle; il lui proposait en même temps de lui céder Maëstricht, s'il voulait accorder à la garnison les honneurs de la guerre.

« Le baron d'Aylwa, gouverneur de Maëstricht, ne jugea pas que la lettre du duc de Cumberland fût une autorité suffisante pour lui faire rendre une place qui lui avait été confiée par les États-Généraux : il demanda un délai de quarante-huit heures, pour envoyer à Breda savoir les intentions du prince d'Orange. Le général major comte de Wied en étant revenu avec les ordres au baron d'Aylwa de remettre Maëstricht, le drapeau fut arboré, et la capitulation fut signée le 7 : elle portait que la garnison sortirait avec les honneurs de la guerre, et sans chariots couverts; mais que, par considération particulière pour le baron d'Aylwa, commandant de la place, et pour le baron de Marshal, commandant des Autrichiens, ils pourraient emmener, l'un et l'autre, quatre pièces de canon et deux mortiers [1]. »

Le lendemain les hostilités furent suspendues, et la paix, signée le 18 octobre à Aix-la-Chapelle, fut publiée à Paris le 12 février de l'année suivante.

[1] *Histoire du maréchal de Saxe*, par le baron d'Espagnac, t. II, p. 478.

DXXXVIII.
PRISE DE PORT-MAHON. — JUIN 1756.

Tableau du temps.

Le traité d'Aix-la-Chapelle, en rendant la paix à l'Europe, n'avait terminé ni les luttes lointaines de l'Inde, ni les entreprises réciproques des colons français et anglais de l'Amérique septentrionale. Dupleix, avec son énergique activité, faisait une guerre redoutable à la compagnie britannique des Indes orientales, et sur les frontières du Canada et de la Nouvelle-Angleterre, les limites mal définies de l'une et l'autre de ces grandes colonies donnaient lieu à de continuelles escarmouches. Le lâche assassinat du parlementaire français Jumonville et la prise de trois cents navires marchands, saisis sans déclaration de guerre, épuisèrent la patience du pacifique gouvernement de Louis XV. On demanda satisfaction à l'Angleterre, et, sur son refus de l'accorder, la guerre lui fut déclarée par la France. Trois escadres furent aussitôt armées. Le maréchal de Belle-Isle reçut le commandement des côtes de l'Océan, pendant que le maréchal de Richelieu allait prendre à Toulon celui de la flotte de la Méditerranée.

Cette flotte, composée de douze vaisseaux de ligne, de cinq frégates et d'un grand nombre de bâtiments de transport, sous les ordres de la Galissonnière, avec quinze mille hommes de débarquement, partit des îles d'Hyères le 12 avril 1756. Elle fit voile vers l'île de Minorque, où elle occupa sans coup férir la ville de Mahon.

A cette nouvelle, quatorze vaisseaux anglais, commandés par l'amiral Byng, se dirigèrent vers Minorque pour la secourir. L'action s'engagea, et le succès en fut très-vivement disputé. L'escadre anglaise fut enfin dispersée et contrainte de se réfugier à Gibraltar.

DXXXIX.

SIÉGE ET PRISE DU FORT SAINT-PHILIPPE (PORT-MAHON). — 28 JUIN 1756.

Wachsmut. — 1837.

« Il restait aux Anglais l'espérance de défendre la citadelle de Port-Mahon (le fort Saint-Philippe), qu'on regardait, après Gibraltar, comme la place de l'Europe la plus forte par sa situation, par la nature de son terrain et par trente ans de soins qu'on avait mis à la fortifier. C'était partout un roc uni ; c'étaient des fossés profonds de vingt pieds, et, en quelques endroits, de trente, taillés dans ce roc ; c'étaient quatre-vingts mines sous des ouvrages devant lesquels il était impossible d'ouvrir la tranchée. Tout était impénétrable au canon, et la citadelle entourée partout de ces fortifications extérieures taillées dans le roc vif.

« Le maréchal de Richelieu tenta une entreprise plus hardie que n'avait été celle de Berg-op-Zoom : ce fut de donner à la fois un assaut à tous les ouvrages qui défendaient le corps de la place. Il fut secondé dans cette entreprise audacieuse par le comte de Maillebois, qui, dans cette guerre, déploya toujours de grands talents, déjà exercés dans l'Italie. C'est par cette ardeur difficile à comprendre qu'ils se rendirent maîtres de tous les ouvrages extérieurs. Les troupes s'y portèrent avec d'autant plus de courage, qu'elles avaient affaire à près de trois mille Anglais, secondés de tout ce que la nature et l'art avaient pu faire pour les défendre. Le lendemain (28 juin) la place se rendit[1]. »

La garnison sortit avec les honneurs de la guerre, et se retira à Gibraltar. Le 29 juin l'armée française prit possession du fort Saint-Philippe.

DXL.

BATAILLE D'HASTEMBECK. — 26 JUILLET 1757.

RIOULT. — 1837.

« Tandis que les Français combattaient en Canada, plusieurs puissances de l'Europe s'unissaient par des traités pour rapprocher le théâtre de la guerre. Le roi de Prusse, instruit par la cour de Londres que la France avait le dessein de porter ses forces vers la principauté de Hanovre, se ligua avec l'Angleterre, et jura de s'opposer de tout son pouvoir à l'entrée de toute armée étrangère dans l'empire. Élisabeth, impératrice de Russie, ennemie de Frédéric; Auguste III, roi de Po-

---

[1] *Siècle de Louis XV*, par Voltaire, ch. XXXI.

logne et électeur de Saxe, qui avait des indemnités à répéter pour les ravages commis par les Prussiens pendant la guerre de 1741; l'impératrice reine Marie-Thérèse, qui voulait rentrer dans la Silésie, que les circonstances l'avaient forcée d'abandonner, s'unirent contre Frédéric II. »

Louis XV entra alors, contre les anciennes habitudes de la politique française, dans l'alliance autrichienne.

« On se promettait une garantie réciproque (le cas de la présente guerre excepté); on s'engageait à se rendre de bons offices mutuels, pour prévenir toute invasion de quelque puissance ennemie, soit dans les états de la maison d'Autriche, soit dans ceux de la maison de France. Dans le cas où, par les voies de la négociation, l'une ou l'autre des puissances contractantes ne pourrait pas empêcher une irruption dans les états de son alliée, elle s'obligeait à lui fournir pour sa défense vingt-quatre mille hommes effectifs. »

Le roi de Prusse, menacé de tous côtés, fit tête à l'orage. Avec une armée de cent cinquante mille hommes, la plus forte et la mieux organisée de l'Europe ; avec les trésors amassés par son économie et celle de son père, il crut pouvoir braver la redoutable coalition formée contre lui; et, n'attendant pas qu'on l'attaquât, il se jeta sur les états de l'électeur de Saxe. Marie-Thérèse le fit mettre au ban de l'empire. Il s'en vengea en battant les Autrichiens accourus au secours d'Auguste III, et enferma les Saxons dans leur camp de Pyrna.

« Jamais, dit Voltaire, on ne donna tant de batailles

que dans cette guerre. Les Russes entrèrent dans les états prussiens par la Pologne ; les Français, devenus auxiliaires de la reine de Hongrie, combattirent pour lui faire rendre cette même Silésie, dont ils avaient contribué à la dépouiller quelques années auparavant, lorsqu'ils étaient les alliés du roi de Prusse. Le roi d'Angleterre, qu'on avait vu le partisan le plus déclaré de la maison d'Autriche, devint l'un de ses plus dangereux ennemis. La Suède, qui avait autrefois porté de si grands coups à cette maison impériale d'Autriche, la servit alors contre le roi de Prusse, moyennant 900,000 livres que le ministère français lui donnait, et ce fut elle qui causa le moindre ravage. L'Allemagne se vit ainsi déchirée par beaucoup plus d'armées nationales et étrangères qu'il n'y en eut dans la fameuse guerre de trente ans.

« Tandis que les Russes venaient au secours de l'Autriche par la Pologne, les Français entraient en Allemagne par le duché de Clèves et par Wesel. De son côté le roi de Prusse allait chercher l'armée autrichienne en Bohême. Il opposait un corps considérable aux Russes. Les troupes de l'empire, qu'on appelait les troupes d'exécution, étaient commandées pour pénétrer dans la Saxe, tombée tout entière au pouvoir des Prussiens ; ainsi l'Allemagne était en proie à six armées formidables qui la dévoraient en même temps. »

Le maréchal d'Estrées, à la tête de l'armée française, avait passé le Rhin à Dusseldorf. « Il suivait pas à pas le duc de Cumberland, et il atteignit ce prince vers les bords de la Hamel. On ne pouvait choisir une position plus avantageuse que celle des Hanovriens près de Hamelon. Leur droite se prolongeait vers cette ville ; leur front était défendu par un marais imperméable ; leur gauche s'élevait sur des montagnes couvertes de bois, entrecoupées de ravins très-profonds ; elle était terminée d'un côté par une batterie, de l'autre par le village de Hastembeck. On ne pouvait attaquer que ce flanc gauche, et de cette attaque dépendait la victoire : M. de Chevert en fut chargé.

« Le duc de Cumberland, qui connaissait l'importance de sa gauche et de sa batterie, y avait porté l'élite de ses troupes, commandée par M. le comte de Schullemberg. Tous les chemins étaient rompus ; il fallait tourner les bois et les montagnes pour parvenir à cette aile des Hanovriens. M. de Chevert partit à la tête des brigades de Picardie, de la Marine et d'Eu ; après une marche longue et pénible, entreprise pendant la nuit, il arriva enfin : il était neuf heures du matin, et la bataille était commencée depuis six heures. Chevert prend sa place, s'avance à la tête des grenadiers et pénètre dans les rangs des ennemis ; il est suivi et bien secondé par ses premières brigades, par celles de Champagne, du Roi, des grenadiers de France, et par les Autrichiens, qui étaient accourus pour le soutenir. Champagne s'empara de cette batterie retranchée qui faisait la sûreté du camp des ennemis. On les poursuivit de poste en poste, tandis que l'artillerie continuait à les foudroyer de front. Le passage étant frayé, M. de Contades pénétra jusqu'à

Hastembeck et chassa les Hanovriens de ce village, qu'ils défendaient encore. Le duc de Cumberland donna le signal de la retraite [1]. »

DXLI.

BATAILLE DE LUTZELBERG. — 10 OCTOBRE 1758.

Demahis. — 1837.

La bataille d'Hastembeck et la capitulation de Closter-Seven, qui suivit quelque temps après, n'eurent pas les résultats heureux qu'on devait en attendre. Cette capitulation n'ayant pas été reconnue par l'Angleterre, le duc de Cumberland perdit son commandement, et la guerre se ralluma avec plus de fureur au commencement de 1758. Les journées de Crevelt et de Rosbach avaient porté une rude atteinte à l'honneur des armes françaises ; mais le maréchal de Broglie le rétablit par la victoire qu'il remporta à Sundershausen le 23 juillet 1758 ; et, après avoir chassé devant lui les Hessois commandés par le prince d'Isembourg, il se rendit maître de toute la Hesse et pénétra en Westphalie.

Le prince de Soubise, de son côté, avait également rencontré l'ennemi à Lutzelberg. Les armées, qui ne demandaient que l'occasion de se mesurer, furent bientôt en présence. « Le prince de Soubise devait attaquer le front des ennemis, le duc de Fitz-James, leur gauche ; le duc de Broglie devait détourner leur attention par

[1] *Campagnes de Louis XV*, p. 108-112.

des manœuvres et de fausses attaques, tandis que, par un long détour, M. de Chevert, à la tête des Saxons et des Palatins, viendrait les prendre en flanc. Quoique celui-ci eût un long espace à parcourir, il fut le premier aux mains avec les ennemis. Toutes les autres divisions montrèrent beaucoup d'ardeur; leurs chefs, un concert parfait; mais toute l'armée convint que c'était principalement à M. de Chevert que la gloire de cette journée était due. Les alliés y perdirent trois à quatre mille hommes, tués ou blessés, et huit cents prisonniers. Le baron de Zastrow, neveu du général de ce nom, fut du nombre des derniers. La perte des Français fut très-médiocre en comparaison de celle des ennemis; ils n'eurent pas plus de six cents hommes tués ou blessés. Huit jours après cette bataille, le prince de Soubise fut élevé au grade de maréchal de France, et, de son côté, le roi de Pologne envoya à M. de Chevert le cordon de l'aigle blanc[1]. »

DXLII.

BATAILLE DE BERGHEN. — 13 AVRIL 1759.

. . . .

Les avantages remportés, vers la fin de l'année précédente, à Sundershausen et à Lutzelberg, inquiétaient le roi de Prusse, et lui faisaient craindre pour ses frontières; il résolut d'éloigner la guerre du Hanovre et de

[1] *Campagnes de Louis XV*. p. 126.

la Hesse, et de la reporter dans le milieu de l'Allemagne.

« Les Prussiens firent, en conséquence, des mouvements qui furent combinés avec ceux de l'armée aux ordres du duc Ferdinand de Brunswick. Dès le commencement du mois de mars la Thuringe était inondée de Prussiens, et le prince Ferdinand de Brunswick marcha droit à l'armée française, commandée par le duc de Broglie. Ce général assembla aussitôt son armée, et prit une position avantageuse à Berghen, près de Francfort-sur-le-Mein, où, le 13 avril, il fut attaqué par le prince Ferdinand. Le combat fut vif et opiniâtre, mais enfin le prince fut obligé de se retirer. L'armée des alliés était composée de quarante mille combattants, et celle du duc de Broglie n'excédait pas vingt-cinq mille. La perte des premiers monta à près de six mille hommes, tant tués que blessés ; les Hessois souffrirent le plus ; le prince d'Isembourg, leur général, y fut tué. Les Français perdirent trois à quatre mille hommes; plusieurs officiers furent tués ou dangereusement blessés. Le baron d'Hirn, général des troupes saxonnes, qui mourut à Francfort des suites de ses blessures, fut généralement regretté. Cette action, qui combla de gloire le duc de Broglie, facilita la réunion des armées françaises du haut et du bas Rhin, et leur ouvrit les portes de Cassel, de Gattengen, de Rittberg, de Menden et de Munster[1]. »

---

[1] *Campagnes de Louis XV*, p. 127.

DXLIII.

BATAILLE DE JOHANNISBERG. — 30 AOUT 1762.

AMÉDÉE FAURE. — 1837.

Cette longue guerre, entreprise dans l'intérêt de l'Allemagne, et dont la France ne pouvait espérer aucun avantage, épuisait les finances du royaume. Quels qu'eussent été les succès obtenus, les revers avaient été plus grands encore. Le commerce surtout était en souffrance; la marine, presque anéantie, se trouvait hors d'état de le protéger, et les colonies, en partie occupées par l'ennemi, étaient dans la situation la plus déplorable.

C'est alors que le duc de Choiseul, secrétaire d'état des affaires étrangères, conclut le traité connu sous le nom de *pacte de famille*, qui fut signé, le 15 août 1761, par les rois de France, d'Espagne, des Deux-Siciles et par l'infant duc de Parme, et qui devait avoir une si grande influence sur la paix générale.

On vit donc les hostilités commencer entre l'Espagne et l'Angleterre, pendant que la guerre continuait en Allemagne. « Selon les nouvelles de l'armée du roi[1], les ennemis s'étant approchés de Friedberg pendant la journée du 28 du mois dernier, les maréchaux d'Estrées et de Soubise, réunis au corps commandé par le prince de Condé, résolurent de marcher à eux le 30, pour ne pas leur laisser le temps de se fortifier dans une position si essentielle.

[1] *Gazette de France* du 6 septembre 1762.

« Leur objet principal était de s'emparer de la montagne de Johannisberg ou Johansberg, près les salines de Nanheim, à une demi-lieue de Friedberg. Le marquis de Lévis l'occupait avec l'avant-garde du prince de Condé. Les colonnes de l'armée étaient encore loin : les maréchaux d'Estrées et de Soubise, voyant la nécessité de renforcer ce poste, y portèrent le comte de Stainville avec l'avant-garde à ses ordres.

« La marche des ennemis fut si rapide, qu'avant l'arrivée du comte de Stainville ils eurent le temps de gagner le sommet de la montagne. »

Cependant le prince de Soubise parvint à les en déloger, pendant que le maréchal d'Estrées faisait attaquer leur flanc gauche. La position fut emportée.

« La cavalerie des ennemis était postée dans la plaine de Nidermelle, pour y recevoir leur infanterie. Le prince de Condé la fit charger par ses dragons. Elle plia ; mais, s'étant ralliée au delà d'un ravin, elle revint avec une grande célérité. La seconde charge que fit le comte de Stainville fut vive et obstinée : elle nous réussit entièrement. Les ennemis y ont beaucoup perdu. On y a fait une grande quantité de prisonniers, dont plusieurs colonels et quelques officiers supérieurs. Le régiment de Conflans a pris l'étendard d'un régiment hanovrien. L'infanterie des ennemis, dispersée et mise en un extrême désordre par cette charge, a regagné le ravin dans lequel coule le Veter. Les ennemis nous ont abandonné une grande partie de leur artillerie, et nous avons quinze pièces de différents calibres. On avait rassemblé, le 31, plus de quinze cents hommes prisonniers, des différentes nations qui composent l'armée des alliés. »

Ce fut la dernière action de cette guerre de sept ans, qui rapporta si peu de gloire à la France, et lui coûta si cher. Le 1er novembre 1762 des préliminaires de paix furent arrêtés à Fontainebleau, et le 10 février de l'année suivante un traité fut signé à Paris, qui rendit encore une fois le repos à l'Europe.

DXLIV.

LIT DE JUSTICE TENU PAR LOUIS XVI. — 12 NOVEMBRE 1774.

RENTRÉE DU PARLEMENT RAPPELÉ PAR LOUIS XVI.

. . . .

Louis XV était mort le 19 mai 1774. La première pensée de Louis XVI, son petit-fils et son successeur, fut de réconcilier avec la royauté l'opinion publique, aigrie par les scandales et les dilapidations du dernier règne. Un des principaux griefs de cette opinion mécontente était la suppression des parlements, sacrifiés trois ans auparavant aux fantaisies de la cour par le chancelier Maupeou. Louis XVI résolut de les rétablir, et, pour solenniser ce grand acte de justice, il vint à Paris présider lui-même à la restauration de la magistrature dans ses anciens priviléges.

Voici en quels termes la Gazette de France du lundi 14 novembre 1774 raconte cette cérémonie :

DU PALAIS DE VERSAILLES.

« Le 12 de ce mois, à neuf heures moins un quart du matin, le roi, après avoir entendu la messe à la Sainte-Chapelle, est arrivé à la grand'chambre du parlement, précédé de Monsieur et de monseigneur le comte d'Artois, du duc d'Orléans, du duc de Chartres, du prince de Condé, du duc de Bourbon, du prince de Conti et du comte de la Marche, princes du sang. Les ducs et pairs, les grands officiers de la couronne et les autres personnes ayant séance au lit de justice, avaient devancé le roi, qui était suivi du sieur de Miroménil, garde des sceaux de France, et des magistrats du conseil, qui l'accompagnaient. Le roi ayant ordonné qu'on prît séance, sa majesté a déclaré que son intention était de rétablir dans leurs fonctions les anciens magistrats du parlement; et le garde des sceaux, de l'ordre de sa majesté, ayant expliqué plus amplement les volontés du roi, sa majesté a ordonné au grand maître des cérémonies d'aller chercher à la chambre de Saint-Louis les anciens membres du parlement, qui s'y étaient réunis en vertu d'ordres particuliers. Ils ont pris à la grand'chambre les places qu'ils sont dans l'usage d'y occuper lors des lits de justice; après quoi on a fait la lecture des édits, les portes ouvertes, et sa majesté en a ordonné l'enregistrement. »

DXLV.

COMBAT DE LA FRÉGATE FRANÇAISE LA BELLE-POULE CONTRE LA FRÉGATE ANGLAISE L'ARÉTHUSE. — 17 JUIN 1778.

Jugelet (d'après le tableau de la galerie du ministère de la marine). — 1837.

La querelle engagée entre l'Angleterre et les colonies de l'Amérique du Nord était devenue irréconciliable par l'aveugle obstination de Georges III et de ses ministres. Le 4 juillet 1776 le congrès national, rassemblé à Philadelphie, proclama l'indépendance américaine, et l'acte qui la notifiait fut un manifeste de guerre lancé par les treize États contre la mère patrie. Washington reçut le commandement suprême de l'armée des États-Unis, pendant que Franklin allait solliciter l'appui de la France pour la cause de la nouvelle république. La présence de ce vieillard excita en France un enthousiasme qui entraîna le gouvernement lui-même. L'indépendance de l'Amérique fut solennellement reconnue par Louis XVI, et un traité de paix et de commerce, signé le 2 février 1778 avec les États confédérés. C'était rompre avec l'Angleterre : la marine française, qui avait à venger les affronts de la guerre de sept ans, saisit cette espérance avec une ardeur incroyable. Cependant l'acte de déclaration de guerre resta quelques mois suspendu : on armait de part et d'autre, et l'on s'observait avant d'engager les hostilités.

« L'Angleterre venait d'équiper à la hâte une flotte de trente vaisseaux de ligne, dont elle avait donné le commandement à l'amiral Keppel. Cette flotte était sortie depuis quelques jours. On avait envoyé de Brest, pour l'observer, trois frégates, *la Belle-Poule,* de vingt-six canons; *la Licorne,* de trente-deux; *la Pallas,* de dix-huit, et le lougre *le Coureur,* de douze. La première était commandée par M. de la Clocheterie, la seconde par M. de Balisal, la troisième par M. de Rausanne, et le lougre par M. de Razilli.

« Ces quatre vaisseaux, à la suite d'un coup de vent, se trouvèrent presque tous au milieu de la flotte anglaise. *La Licorne* baissa pavillon après avoir lâché une seule bordée; *la Pallas* se rendit sans pouvoir se défendre, se trouvant enveloppée de plusieurs vaisseaux ennemis; *la Belle-Poule,* avec le lougre, trouva moyen de se dégager. Poursuivie par la frégate anglaise *l'Aréthuse,* de quarante-quatre canons, elle s'arrêta dès qu'elle se vit à une demi-lieue de la flotte ennemie. Le capitaine anglais Marshall lui donne ordre de venir parler à l'amiral; le Français répond qu'il n'a d'ordre à recevoir que de son prince; l'Anglais fait tirer un coup de canon, auquel la Clocheterie répond par toute sa bordée : le combat est engagé. De son côté le lougre se bat avec vigueur contre un cutter anglais de même force que lui.

« Le combat, après avoir duré deux heures, tourne au désavantage de *l'Aréthuse,* qui par des signaux appelle la flotte à son secours. Deux gros vaisseaux accourent à force de voiles : *la Belle-Poule* fait retraite et rentre à Brest, couverte de gloire[1]. »

DXLVI.

COMBAT NAVAL D'OUESSANT. — 27 JUILLET 1778.

GUDIN.

Il fallait un prodigieux effort pour remettre la marine française en état de lutter avec celle de l'Angleterre. Le gouvernement de Louis XVI déploya toute l'activité que réclamait une si haute entreprise : en peu de temps le nombre des vaisseaux à flot fut considérable, celui des bâtiments en construction plus grand encore, et les escadres françaises se trouvèrent partout où il y avait à rencontrer le pavillon britannique.

L'engagement des quatre bâtiments dont nous parlions tout à l'heure, au milieu de toute l'escadre anglaise, le 17 juin 1778, fut le signal de la guerre. Le comte d'Orvilliers sortit alors de Brest à la tête d'une flotte de trente-deux vaisseaux de ligne. Il avait sous ses ordres le duc de Chartres et Duchaffaut, lieutenants généraux de marine. La flotte était divisée en trois escadres : la blanche au corps de bataille, la blanche et la bleue à l'avant-garde, et la bleue à l'arrière-garde.

Le comte d'Orvilliers, généralissime, sur *la Bretagne*,

[1] *Histoire de Louis XVI*, par Bourniseaux, t. I, p. 207.

de cent dix canons, était au corps de bataille, le comte de Guichen avec lui.

Duchaffaut, sur *la Couronne*, de quatre-vingts canons, dirigeait l'avant-garde avec le capitaine de vaisseau Rochechouart. Le duc de Chartres, monté sur *le Saint-Esprit*, de quatre-vingts canons, conduisait l'arrière-garde; le comte de Grasse était sous ses ordres. Les armées navales de France et d'Angleterre se rencontrèrent le 23 juillet.

Dès qu'elles furent en vue l'une de l'autre, elles manœuvrèrent durant quatre jours consécutifs, le comte d'Orvilliers pour conserver l'avantage du vent qu'il avait enlevé aux Anglais, l'amiral Keppel pour le recouvrer. Enfin, le 27 juillet, à neuf heures du matin, le temps paraissant favorable, la flotte française offrit le combat à l'ennemi. Les Anglais savaient qu'un prince du sang royal de France commandait l'escadre bleue, qui, avant le combat, formait l'arrière-garde de la flotte française. L'amiral Keppel manœuvrant dans l'intention de couper cette division du reste de l'armée navale, le comte d'Orvilliers fit virer de bord, et l'escadre bleue se trouva former l'avant-garde. *Le Saint-Esprit* fut exposé, à demi-portée de canon, au premier feu des Anglais. Voici les termes dans lesquels le ministre de la marine s'exprimait sur ce combat, en écrivant au duc de Penthièvre, grand amiral, beau-père du duc de Chartres : « M. d'Orvilliers a donné des preuves de la plus grande habileté ; M. le duc de Chartres, d'un courage froid et tranquille, et d'une présence d'esprit étonnante. Sept gros vaisseaux, dont un à trois ponts, ont successivement combattu celui de M. le duc de Chartres, qui a répondu avec la plus grande vigueur, quoique privé de sa batterie basse. Un vaisseau de notre armée a dégagé *le Saint-Esprit* dans le moment le plus vif, et a essuyé un feu si terrible, qu'il a été absolument désemparé et obligé de se retirer. » La flotte étant entrée à Brest, le duc de Chartres vint à Paris et à Versailles : il y fut reçu avec enthousiasme par le public. La bataille d'Ouessant, en effet, relevait la gloire navale de la France, tristement flétrie durant la guerre de sept ans.

DXLVII.

COMBAT DE LA FRÉGATE FRANÇAISE LA CONCORDE CONTRE LA FRÉGATE ANGLAISE LA MINERVE. — 22 AOUT 1778.

THÉODORE DUBOIS (d'après le tableau de la galerie du ministère de la marine). — 1837.

« Le 22 août *la Concorde*, frégate de vingt-six canons, commandée par M. le Gardeur de Tilly, rencontra du côté du cap Français la frégate anglaise *la Minerve*, de trente-deux canons. Le combat commença à neuf heures et demie, et fut soutenu pendant deux heures, à la portée du mousquet, avec une égale fermeté de part et d'autre. A onze heures et demie, sir John Scott, capitaine de *la Minerve*, étant trop maltraité dans ses manœuvres et sa mâture pour tenter plus longtemps le sort des armes, fit signal qu'il se rendait. Sa frégate fut amarinée et conduite au cap[1]. »

DXLVIII.

COMBAT DE LA FRÉGATE FRANÇAISE LA JUNON CONTRE LA FRÉGATE ANGLAISE LE FOX. — 11 SEPTEMBRE 1778.

GILBERT (d'après le tableau de la galerie du ministère de la marine). — 1837.

« Le vicomte de Beaumont, capitaine de vaisseau, commandant la frégate *la Junon*, rencontra, le 11 septembre 1778, à quarante lieues sud-ouest de l'île d'Ouessant, la frégate anglaise *le Fox* : il l'attaqua, et la combattit pendant trois heures et demie à portée de pistolet. Lorsqu'elle fut entièrement démâtée et hors d'état de se défendre davantage, le capitaine Windsor, n'ayant plus même de pavillon, fit signe avec son chapeau qu'il amenait. Il avait quarante-neuf hommes hors de combat, et lui-même était grièvement blessé au bras ; la frégate française n'eut que quatre hommes tués et quinze blessés[2]. »

[1] *Annales maritimes et coloniales*, par M. Bajot, t. II, p. 194.
[2] *Ibid.* p. 195.

DXLIX.

COMBAT DU VAISSEAU FRANÇAIS LE TRITON CONTRE LE VAISSEAU ANGLAIS LE JUPITER ET LA FRÉGATE ANGLAISE LA MÉDÉE. — 20 OCTOBRE 1778.

Gilbert (d'après le tableau de la galerie du
ministère de la marine). — 1837.

« *Le Triton*, commandé par M. de Ligondès, capitaine de vaisseau, fut attaqué, à la hauteur du cap Finistère, par un vaisseau et une frégate anglaise. A huit heures du soir, après trois heures de combat, la frégate abandonna la partie, et profita de l'obscurité pour se soustraire au feu dont elle était criblée. Le vaisseau anglais continua le sien encore pendant une heure, et parut plier trois fois ; il finit par prendre la fuite, et disparut dans la nuit[1]. »

DL.

COMBAT DE LA FRÉGATE FRANÇAISE LA MINERVE CONTRE DEUX VAISSEAUX ANGLAIS ET DEUX FRÉGATES ANGLAISES. — 7 FÉVRIER 1779.

Gilbert (d'après un tableau de la galerie du
ministère de la marine). — 1837.

Le chevalier de Grimoard, commandant la frégate *la Minerve*, en sortant de la baie des Baradaires, le 7 février, aperçut au point du jour deux bâtiments ennemis

---

[1] *Annales maritimes et coloniales*, par M. Bajot, t. II, p. 196.

sous le vent à lui ; ces bâtiments étaient *le Ruby,* de soixante-quatre, et la frégate *le Lowestone.* Il ne balança pas à envoyer toute sa bordée au vaisseau, qui se trouvait alors par son travers, et qui lui riposta par toute la sienne, haute et basse. *Le Ruby* continua sa route en tirant sur *la Minerve,* pour virer dans ses eaux. En même temps le chevalier Grimoard eut connaissance du *Bristol,* de cinquante, et de la frégate *l'Æolus,* qui cherchaient à l'envelopper. Il attaqua la frégate, et, après trois quarts d'heure de combat, elle fut forcée de l'abandonner. Le calme vint quelque temps après, et dura jusqu'à une heure. Lorsque la brise s'éleva du nord-nord-ouest, les vaisseaux qui l'entouraient commencèrent à le chasser; mais il força de voiles, et la nuit tomba sans qu'ils pussent l'atteindre : il en profita pour faire fausse route et se soustraire à leur poursuite. Le lendemain, n'apercevant plus aucun des bâtiments contre lesquels il avait combattu la veille, il prit le parti de remonter jusqu'à la hauteur d'Inagne, dans l'espérance de trouver quelques corsaires dans ce passage. En effet il rencontra la frégate *la Providence,* de vingt-quatre canons, lui livra combat et s'en rendit maître sans perdre un seul homme[1]. »

[1] *Annales maritimes et coloniales,* par M. Bajot, t. II, p. 198.

DLI.

PRISE DE L'ILE DE LA GRENADE. — 4 JUILLET 1779.

J. F. Hue.

« La prise de l'île Saint-Vincent ne tarda pas à être suivie d'une conquête beaucoup plus importante, celle de la Grenade. Le comte d'Estaing, après avoir réuni à son armée navale l'escadre du chevalier de Lamotte-Piquet, appareilla du Fort-Royal de la Martinique avec vingt-cinq vaisseaux, et parut, le 2 juillet au matin, à la vue de la Grenade. Il mouilla le soir devant l'anse Molenier, et mit de suite à terre treize cents hommes, qui occupèrent les hauteurs voisines.

« La journée du 3 fut employée à examiner les positions de l'ennemi et à concerter le plan d'attaque. Le comte d'Estaing, à la tête des grenadiers, fit une marche très-longue pour tourner le môle de l'hôpital, où les Anglais avaient réuni leurs richesses et leurs forces. Après cette reconnaissance, il commence l'attaque dans la nuit du 3 au 4, saute un des premiers dans les retranchements anglais, se porte avec rapidité au sommet du morne, et s'en empare de vive force. Il y trouva quatre pièces de vingt-quatre, et en fit tourner une, au point du jour, contre le fort dans lequel s'était retiré le gouverneur. Ainsi menacé d'être foudroyé à chaque instant par une artillerie qui dominait le lieu de sa retraite, lord Macartney fut obligé, deux heures après, de se rendre à discrétion.

« On fit sept cents prisonniers, et l'on prit sur les ennemis trois drapeaux, cent deux pièces de canon et seize mortiers [1]. »

DLII.

COMBAT NAVAL DE L'ILE DE LA GRENADE. — 6 JUILLET 1779.

J. F. Hue.

« Le lendemain, pendant que le comte d'Estaing était occupé à faire désarmer les habitants et à indiquer l'emplacement des batteries, il reçut l'avis de l'approche de l'armée navale anglaise. Le vent, qui soufflait de l'est et de l'est-nord-est, ne lui permettant pas de sortir à sa rencontre, il rappela au mouillage ceux de ses vaisseaux que la mauvaise qualité du fond de l'anse Molenier avait fait dérader et s'étendre jusque dans la baie pour y trouver une meilleure tenue. En même temps il envoya quelques frégates croiser au vent de son armée. Le 6, à la pointe du jour, il fit signal à une partie de ses vaisseaux, qui n'avaient pas encore appareillé, de couper leurs câbles et de se former en ligne, l'amure à tribord, sans avoir égard ni à leurs postes ni à leur rang.

« L'armée anglaise, qui avait l'avantage du vent, s'approchait alors, toutes voiles dehors, dans l'ordre de bataille suivant :

« A l'avant-garde, le vice-amiral Barrington, sur *le Prince de Galles*, de soixante et quatorze canons.

---

[1] *Annales maritimes et coloniales*, par M. Bajot, t. II, p. 204.

« Au corps de bataille, l'amiral Byron, sur *la Princesse Royale*, de quatre-vingt-dix.

« Et l'arrière-garde, sous les ordres du contre-amiral Hyde-Parker, embarqué sur *le Conquérant*, de soixante et quatorze canons.

« L'armée française, qui courait à bord opposé, devait être ainsi formée :

« A l'avant-garde, le comte de Breugnon, commandant, sur *le Tonnant*, de quatre-vingts canons.

« Le comte d'Estaing, général, au corps de bataille, sur *le Languedoc*, de quatre-vingts canons.

« Et à l'arrière-garde, M. de Broves, sur *le César*, de soixante et quatorze canons.

« Il n'y eut d'abord que quinze vaisseaux français qui purent prendre part au combat, les courants ayant fait tomber les autres sous le vent. Cependant l'armée anglaise, sans cesser de combattre, continuait de courir avec confiance vers la baie de Saint-Georges, dans l'espoir d'arriver encore assez à temps pour secourir l'île de la Grenade. Mais à la vue du feu des forts sur son chef de file, l'amiral Byron, convaincu que cette île n'était plus au pouvoir des Anglais, fit revirer son armée vent arrière et mit au même bord que les Français. Le combat continua avec la plus grande vivacité jusqu'à midi un quart; il cessa alors, parce que l'armée anglaise forçait toujours de voiles et serrait le vent pour rejoindre son convoi, tandis que l'amiral français arrivait insensiblement pour rallier ses vaisseaux sous le vent.

« Lorsque l'armée française fut bien formée en ligne,

le comte d'Estaing la fit revirer vent devant tout à la fois. L'objet de cette évolution était de couper *le Grafton, le Cornwall* et *le Lion*, vaisseaux de l'arrière-garde anglaise, qui semblaient fort désemparés, et qui se trouvaient à une grande distance en arrière et plus sous le vent. Mais l'amiral anglais ayant fait, peu de temps après, la même manœuvre, le comte d'Estaing fit reformer son armée en ligne sur son vaisseau de queue. Alors *le Grafton* et *le Cornwall* ne purent rejoindre leur escadre qu'en passant au vent de la ligne française ; ils essuyèrent le feu de tout son corps de bataille. Pour *le Lion*, qui était extraordinairement dégréé et absolument coupé, il fit vent arrière et alla se réfugier à la Jamaïque, dans l'état d'un vaisseau naufragé [1]. »

DLIII.

COMBAT DES FRÉGATES FRANÇAISES LA JUNON ET LA GENTILLE CONTRE LE VAISSEAU ANGLAIS L'ARDENT. — 17 AOUT 1779.

GILBERT (d'après le tableau de la galerie du ministère de la marine). — 1837.

« La frégate *la Junon*, commandée par le chevalier de Marigny, découvrit, le 17 août, à huit heures du matin, sur la pointe de Good-Start, deux bâtiments, dont l'un donnait chasse à l'autre, et le visitait après l'avoir atteint. Le chevalier de Marigny reconnut que le bâtiment visité était danois et que l'autre était un vaisseau de

[1] *Annales maritimes et coloniales*, par M. Bajot, t. II, p. 205-208.

ligne anglais. Il en donna aussitôt le signal à l'escadre dont il faisait partie, et qui était aux ordres du comte de la Touche-Tréville. Ce général marqua qu'il entendait le signal, et fit en même temps à son escadre celui de forcer de voiles.

« *La Junon* avait profité du temps que le vaisseau anglais avait employé à visiter le bâtiment danois pour courir un bord et s'élever dans le vent, et elle était parvenue à se mettre dans les eaux de l'ennemi. Lorsque le chevalier de Marigny en fut à la petite portée du canon, il arbora la flamme et le pavillon français, et l'assura d'un coup de canon. L'ennemi fit alors ouvrir les sabords de sa première batterie, du côté qu'il présentait à *la Junon*, mais sans arborer le sien. Le chevalier de Marigny, ne doutant plus que ce ne fût un vaisseau anglais, et, revenant sur tribord, envoya deux volées à ce vaisseau, qui lui présentait la hanche. Jugeant ensuite qu'il ne pouvait être préparé au combat que d'un seul bord, il l'abandonna du côté de bâbord, et dirigea son attaque du tribord. En exécutant cette manœuvre, il lui envoya deux nouvelles bordées dans la hanche et dans la poupe.

« En ce moment la frégate *la Gentille*, commandée par M. Mengaud de la Haye, lieutenant de vaisseau, arriva à portée de combattre, et fit le feu le plus vif. Le vaisseau anglais commença alors à tirer sur les deux frégates et leur envoya deux bordées. Il ne leur fit aucun mal, et, après cette courte défense, le capitaine amena son pavillon et nous laissa maîtres du vaisseau *l'Ardent*, de soixante-quatre canons, destiné à augmenter l'armée de l'amiral Hardy[1]. »

DLIV.

COMBAT DE LA FRÉGATE FRANÇAISE LA SURVEILLANTE CONTRE LA FRÉGATE ANGLAISE LE QUÉBEC. — 7 OCTOBRE 1779.

GILBERT. — 1817.

« La frégate *la Surveillante*, de vingt-six canons, commandée par M. du Couedic, lieutenant de vaisseau, croisait à la hauteur de l'île d'Ouessant avec le cutter *l'Expédition*, commandé par le vicomte de Roquefeuil; on découvrit, le 7 octobre, à la pointe du jour, une frégate et un cutter, qui furent soupçonnés ennemis. M. du Couedic fit signal à *l'Expédition* de se préparer au combat, força de voiles et serra le vent pour s'approcher des Anglais. Dès qu'il fut parvenu à demi-portée de canon, il arbora son pavillon et l'assura d'un coup de canon à boulet. Les bâtiments ennemis mirent en panne sans arborer leurs couleurs, et, ayant reçu, dans cette position, la bordée de la frégate française, ils arrivèrent en déployant le pavillon anglais. *La Surveillante* revira aussitôt pour se mettre au même bord que la frégate et l'attaquer, tandis que le vicomte de Roquefeuil combattait le cutter.

« L'action s'engagea bord à bord à dix heures et demie; elle fut soutenue, de part et d'autre, avec la même viva-

---

[1] *Relations des événements et combats de la guerre maritime de 1778 entre la France et l'Angleterre*, par le contre-amiral Kerguelen, p. 95.

cité et le même courage. A une heure après midi, *la Surveillante* fut démâtée de tous ses mâts, et peu de minutes après, la mâture de la frégate anglaise éprouva le même sort. Ces deux bâtiments, privés de tous leurs mâts et hors d'état de manœuvrer, continuèrent à combattre avec la même chaleur. M. du Couedic, quoique blessé très-grièvement, n'abandonna point le gaillard de sa frégate. Lorsqu'il vit que les deux bâtiments étaient assez rapprochés pour tenter l'abordage, il ordonna à son équipage de sauter à bord. Déjà le beaupré de la *Surveillante* était engagé dans les débris des mâts de son ennemi, lorsqu'on vit tout le gaillard de la frégate anglaise en feu. L'incendie se communiqua rapidement au beaupré de *la Surveillante*. M. du Couedic manœuvra avec assez d'habileté et de précision pour s'éloigner du bâtiment enflammé, à l'aide de quelques avirons; il parvint à éteindre le feu de son beaupré, et dès lors il ne s'occupa plus qu'à sauver quelques Anglais qui s'étaient jetés à la mer. Quarante-trois seulement purent gagner son bord, et à quatre heures la frégate anglaise sauta en l'air. On apprit par eux qu'elle se nommait *le Québec*, qu'elle portait trente-deux canons et était commandée par le capitaine Famer[1]. »

[1] *Annales maritimes et coloniales*, par M. Bajot, t. II, p. 214.

DLV.

COMBAT NAVAL D'UNE DIVISION FRANÇAISE CONTRE UNE ESCADRE ANGLAISE. — 18 DÉCEMBRE 1779.

De Rossel.

« Un convoi de vingt-six navires, destiné pour les îles du Vent, et parti de Toulon sous l'escorte de la frégate *l'Aurore*, que commandait M. de la Flotte, était sur le point d'entrer au Fort-Royal, lorsqu'on aperçut quatorze vaisseaux ennemis qui lui donnaient chasse. M. de la Flotte fit serrer le vent et la côte à son convoi. Il espérait pouvoir le faire entrer dans le port avant que l'ennemi fût à portée de l'intercepter; mais le vent manquant à la côte, tandis que les vaisseaux anglais en avaient encore au large, un d'eux, *l'Élisabeth*, de soixante et quatorze canons, fut bientôt à portée de *l'Aurore*, qui fit feu de ses canons de retraite pour protéger les bâtiments de la tête du convoi.

« A deux heures après midi on vit du Fort-Royal le combat inégal que *l'Aurore* était obligée de soutenir. Aussitôt M. de Lamotte-Piquet, chef d'escadre, appareilla avec le vaisseau *l'Annibal*, de soixante et quatorze, pour aller au secours de la frégate et du convoi. Il fut bientôt suivi de deux vaisseaux de soixante-quatre, *le Vengeur*, commandé par M. le chevalier de Retz, et *le Réfléchi*, par M. Cillart de Surville. M. de Lamotte-Piquet se présenta d'abord seul au combat contre trois vaisseaux ennemis qui avaient coupé le convoi, et dégagea la frégate *l'Aurore*, et, avec elle, huit des navires marchands, qui eussent été infailliblement pris sans cette manœuvre aussi hardie que bien exécutée.

« Lorsque les deux autres vaisseaux français eurent joint *l'Annibal*, ils engagèrent un combat des plus vifs contre sept vaisseaux ennemis ; mais, malgré tous leurs efforts, ils ne purent empêcher que ceux des vaisseaux anglais qui restaient sans combattre, ne s'emparassent de plusieurs bâtiments du convoi. La nuit d'ailleurs mit un terme au combat, et M. de Lamotte-Piquet, voyant que ceux des navires du convoi qui ne s'étaient pas échoués à la côte étaient déjà amarinés derrière l'escadre anglaise, se détermina à rentrer au Fort-Royal [1]. »

DLVI.

COMBAT NAVAL EN VUE DE LA DOMINIQUE. — 17 AVRIL 1780.

Gilbert (d'après le tableau de la galerie du ministère de la marine). — 1837.

L'Angleterre, menacée dans ses possessions des Antilles, avait envoyé l'ordre à l'amiral Rodney de quitter, avec une partie de sa flotte, la Méditerranée pour se rendre en Amérique. La France, de son côté, avait armé à Brest quinze vaisseaux de ligne, qui partirent sous les ordres du comte de Guichen.

L'amiral Hyde-Parker, en station dans les Antilles, y

[1] *Annales maritimes et coloniales*, par M. Bajot, t. II, p. 217.

commandait en maître, lorsque le comte de Guichen arriva à la Martinique le 23 mars 1780, et réunit aussitôt sous ses ordres toutes les forces navales qui se trouvaient dans ces parages. Les escadres détachées, commandées par le chevalier de Lamotte-Piquet, le comte de Grasse, le comte de Vaudreuil, s'étaient jointes à lui. Le marquis de Bouillé était sur la flotte à la tête des troupes de débarquement. Des deux côtés on cherchait à reprendre les colonies qui avaient pu être enlevées dans la précédente campagne. Le comte de Guichen voulut tenter une attaque sur l'île de Sainte-Lucie, et le 16 avril il débouchait par le canal de la Dominique pour remonter au vent de la Martinique, « lorsqu'il eut connaissance de l'armée anglaise. Alors il signala l'ordre de bataille, ainsi que les manœuvres propres à lui procurer l'avantage du vent et à le rapprocher de l'ennemi.

« Il parut d'abord que l'amiral Rodney, sous le commandement duquel la Grande-Bretagne avait mis toutes ses forces navales aux Antilles, ne voulait qu'observer les Français; mais le comte de Guichen, le voyant se poster, à huit heures du soir, sur son arrière-garde, fit aussitôt revirer son armée vent devant, et prendre les mêmes amures que les vaisseaux anglais, qui tinrent alors le vent et mirent au bord opposé [1]. »

L'amiral Rodney, qui avait fait sa jonction avec les amiraux Rowley, Walsingham et Hyde-Parker, se rendit dans la rade de Saint-Pierre, et ferma l'accès de l'île au comte de Guichen.

[1] *Annales maritimes et coloniales*, par M. Bajot, t. II, p. 373.

Les armées navales étaient en présence dans l'ordre suivant.

Flotte anglaise : à l'avant-garde, sept vaisseaux de haut bord ; le vice-amiral Hyde-Parker, commandant, sur *la Princesse Royale*, de quatre-vingt-dix canons ; au corps de bataille, sept vaisseaux ; l'amiral Rodney, généralissime, sur *le Sandwich*, de quatre-vingt-dix canons ; à l'arrière-garde, six vaisseaux, dont quatre de soixante et quatorze, un de soixante-quatre et un de soixante.

La flotte française était rangée dans l'ordre inverse :

A l'arrière-garde, sept vaisseaux de haut bord ; le comte de Grasse, commandant, sur *le Robuste*, de soixante et quatorze canons ; au corps de bataille, sept vaisseaux de haut bord ; le comte de Guichen, général en chef, sur *la Couronne*, de quatre-vingts canons ; et à l'avant-garde, huit vaisseaux de haut bord ; le chevalier de Sade, commandant, sur *le Triomphant*, de quatre-vingts canons.

« En forçant de voiles depuis onze heures du matin, l'armée française avait d'autant plus étendu sa ligne que les vaisseaux qui composaient l'avant-garde étaient moins bons voiliers. La lacune qui s'était nécessairement faite entre cette escadre et le corps de bataille, devint encore plus grande par la dérive de *l'Actionnaire*, qui, quoique forçant de voiles, tomba sous le vent de la ligne. Ce fut cet instant que l'amiral Rodney saisit pour tenter de couper l'arrière-garde ; mais l'audace du *Destin*, vaisseau français, à tenir *le Sandwich* par son travers, et à le combattre obstinément à demi-portée de fusil, et les manœuvres que faisait le corps de bataille français pour exécuter le signal de virer lof pour lof tout à la fois, rompirent toutes ses mesures et le contraignirent de reprendre ses amures. Dans cette position, ne pouvant plus combattre l'avant-garde, qui était tombée sous le vent, parce qu'elle avait été fort dégréée, l'amiral anglais fit voile pour attaquer le corps de bataille français ; mais à quatre heures du soir, voyant la mâture de son vaisseau endommagée, et la ligne française se reformer, il amura sa grande voile, retint le vent, et le fit serrer à toute son armée : cette dernière manœuvre mit fin au combat.

« Entre autres vaisseaux anglais, *le Sandwich*, qui avait été combattu successivement par les vaisseaux français *le Vengeur*, *le Destin* et *le Palmier*, fut si maltraité, que peu s'en fallut qu'il ne coulât. *Le Sphinx* et *l'Artésien* soutinrent pendant plus d'une heure, et avec fermeté, le feu supérieur des plus gros vaisseaux de l'avant-garde anglaise, parmi lesquels se trouvait *la Princesse Royale*, jusqu'à ce que *le Robuste*, après avoir viré de bord, fût venu à leur secours et les eût dégagés [1]. »

---

[1] *Annales maritimes et coloniales*, par M. Bajot, t. II, p 376.

DLVII.

COMBAT NAVAL DE LA PRAYA. — 16 AVRIL 1781.

Gilbert (d'après le tableau de la galerie du ministère de la marine). — 1837.

La Hollande, qui était parvenue à rester neutre pendant les trois premières années de la guerre, avait été entraînée, en 1781, dans l'alliance française. Le gouvernement anglais mit alors une escadre sous les ordres du commodore Johnstone, pour aller attaquer la colonie du cap de Bonne-Espérance, avec mission de se rallier ensuite dans l'Inde à la flotte de l'amiral Hughes, et d'y détruire les établissements hollandais. A cette terrible menace, les États-Généraux avaient réclamé l'appui de la France.

« A la demande des Hollandais, le gouvernement français expédia, sous les ordres du bailli de Suffren, une petite flotte pour porter des troupes et des munitions de guerre au cap de Bonne-Espérance, qui était menacé par les Anglais.

« M. de Suffren approchait de la baie de la Praya, dans l'île de Sant-Iago, où il se proposait de faire de l'eau, lorsque l'*Artésien*, qui marchait en avant, découvrit à l'entrée de la rade un bâtiment avec pavillon anglais, et revira sur son commandant avec signal de voiles ennemies [1]. »

---

[1] *Annales maritimes et coloniales*, par M. Bajot, t. II, p. 391.

Le bailli de Suffren reconnut l'escadre anglaise. Voyant qu'il avait été prévenu, il prit aussitôt le parti de l'attaquer. « Le vaisseau *le Héron*, qu'il montait, alla mouiller sur la bouée de l'ennemi, et fut suivi par *l'Annibal*, commandé par M. de Tremignon l'aîné, capitaine de vaisseau. *L'Artésien*, commandé par M. de Cardaillac, vint ensuite et manqua le mouillage; mais il aborda deux bâtiments de la compagnie, dont il se rendit maître. *Le Sphinx* et *le Vengeur*, aux ordres du comte de Forbin et du vicomte du Chilleau, ne purent tenir sur leurs ancres, et se battirent sous voiles; leur feu eut moins d'effet, et les cinq vaisseaux anglais profitèrent de leur éloignement pour diriger le leur sur *le Héron* et sur *l'Annibal*. Ce dernier en fut tellement écrasé, qu'il perdit tous ses mâts, et fut obligé de couper son câble pour gagner le large. *Le Héron* fut bientôt obligé d'en faire autant, et fut suivi par les autres vaisseaux qu'il avait sous ses ordres. Le commodore Johnstone fit signal à son escadre d'appareiller et de poursuivre les vaisseaux français; mais elle était trop maltraitée pour pouvoir les atteindre, et fut obligée de regagner la rade de la Praya.

« Le parti courageux que prit le bailli de Suffren dans cette circonstance lui procura l'avantage inappréciable d'arriver dans l'Inde avant les Anglais, dont le départ avait précédé le sien, et c'est à juste titre qu'on doit lui attribuer tout l'honneur de cette journée [1]. »

---

[1] *Relations des guerres maritimes de* 1778, par le contre-amiral Kerguelen, p. 177.

DLVIII.

COMBAT NAVAL EN VUE DE LOUISBOURG. — 22 JUILLET 1781.

De Rossel.

Les frégates *l'Astrée*, de vingt-six canons, commandée par le capitaine de vaisseau de Lapérouse, et *l'Hermione*, sous les ordres du lieutenant de vaisseau comte de la Touche-Tréville, étant en croisière le 22 juillet 1781, à six lieues dans le sud-est du cap nord de l'île Royale, sur les côtes de la Nouvelle-Angleterre, furent informées qu'un convoi ennemi, escorté par des bâtiments de guerre, était dans ces parages. Le capitaine Lapérouse donna ordre de se porter de ce côté. Les deux frégates eurent bientôt à se défendre contre cinq bâtiments ennemis: *l'Allégeance*, de vingt-quatre canons; *le Vernon*, de vingt-quatre; *le Charlestown*, de vingt-huit; *le Jack*, de vingt-quatre, et *le Vautour*, de vingt, tandis qu'un sixième, *le Thompson*, de dix-huit canons, resta constamment au vent.

« *L'Astrée* s'attacha particulièrement au *Charlestown*; *l'Hermione* combattit cette frégate à son tour, après avoir tiré plusieurs bordées au *Vautour* et au *Jack*. Le combat avait commencé à six heures et demie; une demi-heure après, *le Charlestown*, alternativement combattu par M. de Lapérouse et le comte de la Touche, brassa à culer, et retomba par le travers de *l'Astrée*, qui lui ayant cassé son grand mât de hune, le força d'amener son pavillon. *Le Jack* se trouvait alors par le travers du commandant de *l'Hermione*, qui l'écrasa de son feu et le força à se rendre. Le combat était même engagé de manière que les trois autres bâtiments ennemis eussent été obligés d'en faire autant, si la nuit ne fût pas tombée si vite. M. de Lapérouse, voyant que tout annonçait qu'elle serait très-obscure, ne voulut pas poursuivre *l'Allégeance* et *le Vernon*, qui forçaient de voiles et prenaient la fuite. Les deux commandants français virèrent de bord pour amariner *le Charlestown* et *le Jack*, qui restaient de l'arrière : le dernier de ces bâtiments le fut en effet ; mais le premier, qui avait laissé tomber sa misaine, au lieu d'arriver pour se laisser amariner, échappa à la faveur de la nuit aux recherches du comte de la Touche, qui avait viré sur lui.

« Nos deux frégates se rejoignirent à neuf heures et demie. *L'Astrée* mit en panne, dans l'espoir que le *Charlestown* prendrait ce parti pour se laisser dépasser ; mais elle n'en eut point connaissance à la pointe du jour, et les vents d'ouest ayant porté les frégates du roi à quatorze lieues sous le vent de la baie des Espagnols, elles firent voile pour Boston [1]. »

---

[1] *Relations des guerres maritimes de* 1778, par le contre-amiral Kerguelen, p. 199.

DLIX.

SIÉGE D'YORK-TOWN. COMBAT NAVAL DEVANT LA CHESAPEAK. — 5 SEPTEMBRE 1781.

Gudin.

Depuis trois ans que la France s'était engagée dans la guerre de l'indépendance américaine, rien de décisif encore ne s'était passé sur terre ni sur mer. Le général Rochambeau, débarqué à New-Port, dans l'état de Rhode-Island (juillet 1780), à la tête de six mille Français, attendait, avant d'agir, les renforts que devait lui amener le comte de Guichen. Washington, retranché dans son camp de West-Point, épiait l'occasion de se joindre au général français; mais sir Henry Clinton, de son quartier général de New-York, l'observait, prêt à suivre tous ses mouvements. Pendant ce temps la guerre se faisait avec acharnement dans les provinces du Sud. Lord Cornwallis, qui y commandait les troupes anglaises, avait d'abord marché de succès en succès; mais bientôt les Américains lui opposèrent Greene, un de leurs capitaines les plus habiles et les plus résolus. Les journées de Cowpens, de Guildford-House, de Eutaw-Springs, firent reculer de proche en proche l'armée anglaise, qui, dépossédée presque entièrement de la Georgie et des deux Carolines, concentra toutes ses forces dans la Virginie. C'est là que devaient se porter enfin des coups décisifs.

Sir H. Clinton avait donné l'ordre à lord Cornwallis, en attendant qu'il lui envoyât des secours, de fortifier un des ports de la Virginie, qui pût lui servir de place d'armes dans le Sud, et celui-ci avait choisi York-Town, ville située à la pointe de la péninsule formée par les rivières d'York et de James. M. de Lafayette, à la tête d'un corps de Français et de milices américaines, arriva le premier devant cette place : le comte de Rochambeau et Washington ne tardèrent pas à l'y rejoindre. Mais, avant de se mettre en marche, Rochambeau avait eu soin de réclamer l'assistance de la flotte française des Antilles : il fit connaître sa position au comte de Grasse, en lui demandant de conduire en Amérique toutes les troupes dont il pourrait disposer. L'amiral français s'empressa de déférer à la demande qui lui était adressée. Il sut cacher sa marche à la flotte anglaise, et il parut le 28 août devant le cap Henri, en dehors de la baie de Chesapeak, le même jour que le contre-amiral Samuel Hood arrivait des îles du Vent avec quatorze vaisseaux de ligne. Deux jours après il jeta l'ancre devant Linn-Haven. Ayant pris position à l'entrée des rivières James et d'York pour en former le blocus, il donna connaissance de son arrivée aux généraux des armées combinées, et fit débarquer à James-Town trois mille cinq cents hommes de troupes, qu'il avait embarqués au cap. Ces troupes rejoignirent bientôt, de l'autre côté de la rivière, un corps d'Américains qui interceptait les communications de l'armée anglaise entre la Virginie et la Caroline du Nord.

« Pendant que le comte de Grasse attendait à son mouillage les nouvelles de la marche du généralissime américain et le retour de ses embarcations, sa frégate de découverte lui signala vingt-sept voiles dans l'est, dirigeant leur route sur la baie : les vents soufflaient alors du nord-est. A l'instant l'amiral rappela ses bâtiments à rames, qui faisaient aiguade, et ordonna de se préparer au combat, en se tenant prêt à appareiller. A midi, la marée lui permettant de mettre sous voiles, il fit signal de couper les câbles et de former, en appareillant, une ligne de vitesse. Ces ordres furent exécutés avec tant de célérité que, nonobstant l'absence de quinze cents hommes et quatre-vingt-dix officiers employés au débarquement des troupes dans la rivière James, l'armée navale française fut sous voiles en moins de trois quarts d'heure, et sa ligne formée dans l'ordre suivant :

« Avant-garde, de Bougainville, commandant, sur *l'Auguste*, de quatre-vingts canons.

« Au corps de bataille, le comte de Grasse, sur *la Ville de Paris*, de cent quatre canons.

« L'arrière-garde, sous les ordres du chevalier de Monteil, embarqué sur *le Languedoc*, de quatre-vingts canons.

« L'armée anglaise avait l'avantage du vent; elle marchait dans l'ordre de bataille inverse :

« Le contre-amiral Drake, sur *la Princesse*, de soixante et dix canons, marchait à l'arrière-garde.

« L'amiral Graves était au corps de bataille, sur le *London*, de quatre-vingt-dix-huit canons.

« L'avant-garde était commandée par le vice-amiral Samuel Hood, sur *le Barfleur*, de quatre-vingt-dix canons.

« L'action s'engagea par un feu très-vif et dans l'ordre inverse entre les avant-gardes des deux armées, et à la portée de la mousqueterie entre leurs vaisseaux de tête. Quelques vaisseaux des deux corps de bataille prirent aussi part à ce combat, mais à une grande distance; l'arrière-garde anglaise, en tenant constamment le vent, évita l'attaque de celle des Français, qui faisait tous ses efforts pour l'approcher, ainsi que le corps de bataille anglais. Le combat dura jusqu'à six heures et demie du soir, et ce fut en vain que les Français cherchèrent, pendant quatre jours, à le rengager. Les vents variables et les temps orageux, qui ne cessèrent de les contrarier, finirent par leur faire perdre de vue l'armée anglaise; alors, dans la crainte qu'à la faveur de quelque variation de vent, elle ne le devançât dans la baie de Chesapeak, l'amiral français revint y mouiller. En y rentrant il s'empara des frégates anglaises *l'Iris* et *le Richmond*, qui avaient été envoyées par l'amiral Graves pour couper les bouées des vaisseaux français au mouillage de Linn-Haven.

« Les vaisseaux anglais *le Shrewsbury*, *le Montagu*, *l'Ajax*, *l'Intrépide* et *le Terrible*, furent considérablement endommagés dans leurs corps et dans leurs mâtures, et le 11 septembre l'amiral Graves fut obligé de faire mettre le feu à ce dernier vaisseau, parce qu'il ne pouvait plus résister à la lame [1]. »

[1] *Annales maritimes et coloniales*, par M. Bajot, t. II, p. 401-403.

DLX.

SIÉGE D'YORK-TOWN. — 6 OCTOBRE 1781.

INVESTISSEMENT DE LA PLACE.

. . . .

« Cependant l'armée française, si longtemps bloquée à Rhode-Island, en sort le 1ᵉʳ septembre. Clinton, persuadé qu'elle marche sur New-York, pour en faire le siége conjointement avec Washington, se renferme dans la place, où il se fortifie. Le comte de Rochambeau, par une marche habile, quitte la route de New-York et se porte vers Philadelphie, où il arrive le 2 octobre. Cette armée comptait au nombre de ses principaux officiers MM. de Vioménil, de Custine, de Lauzun, de Dillon, de Chastellux, Berthier, Dumas, de Damas, de Lameth et de Rochambeau, fils du général. On y voyait plusieurs étrangers, et entre autres le comte des Deux-Ponts. L'armée défila devant le président du congrès, auquel elle rendit de grands honneurs militaires.

« Après s'être concertée avec le comte de Grasse, dont la flotte interceptait le passage de la baie de Chesapeak et de l'embouchure du James, elle s'unit à l'armée de Washington. Les Américains et les Français marchèrent de suite à Williamsbourg, où ils arrivèrent le 4 octobre : ils y trouvèrent MM. de Chastellux, de Lafayette et de Saint-Simon, et toutes les forces des armées combinées se rassemblèrent sur ce point. Elles formaient un corps effectif de dix-sept mille hommes.

« York-Town fut investi le 6 ; la tranchée fut ouverte le 8[1]. »

DLXI.

SIÉGE D'YORK-TOWN. — 12 OCTOBRE 1781.

ATTAQUE DES REDOUTES.

Gouache par van BLARENBERG.

« Deux redoutes furent emportées d'assaut le 12 : l'une fut prise par les Américains, conduits par les généraux Lincoln, Lawrence et Hamilton ; l'autre fut conquise par le régiment d'Auvergne, commandé par le marquis de Saint-Simon, MM. de Vioménil, de Dillon, de Rochambeau et de Lameth[2]. »

DLXII.

SIÉGE D'YORK-TOWN. — 19 OCTOBRE 1781.

LE GÉNÉRAL ROCHAMBEAU ET WASHINGTON DONNENT LES DERNIERS ORDRES POUR L'ATTAQUE.

COUDER. — 1836.

La place de York-Town, défendue par une armée, opposait une vive résistance. Cornwallis tenta plusieurs fois des sorties, qui furent toutes repoussées. Les géné-

---

[1] *Histoire de Louis XVI.* par Bourniseaux, t. 1, p. 440.
[2] *Ibid.* p. 441.

raux de l'armée combinée, informés que sir H. Clinton, à la tête de ses troupes, avait quitté New-York, pressaient de plus en plus les attaques. Lord Cornwallis résistait toujours; mais « sa position, déjà très-critique, devint insoutenable. Les assiégeants ayant élevé, dans la nuit du 11 au 12 octobre, une seconde parallèle à cent cinquante toises du corps de la place, ne l'eurent pas plus tôt perfectionnée, qu'ils résolurent d'attaquer les deux redoutes détachées de la gauche des assiégés. Le marquis de Lafayette, à la tête des Américains, et le baron de Vioménil, avec le régiment de Gâtinais, et quatre cents grenadiers français aux ordres du comte Guillaume de Forbach des Deux-Ponts et de M. de l'Estrades, les emportèrent l'épée à la main, tuèrent ou blessèrent la plus grande partie des troupes qui les défendaient, et firent cent soixante-huit prisonniers. Dans la même nuit les assiégeants enfermèrent ces deux redoutes dans la seconde parallèle, à laquelle ils les firent servir de point d'appui. Ils travaillèrent avec tant d'ardeur, que, dès le lendemain, à la pointe du jour, ils les avaient déjà remises en état de défense. Resserrés de plus en plus, et menacés d'être canonnés avec des batteries à ricochet, qu'ils voyaient établies contre la ville d'York, les assiégés, au nombre de six cents hommes, firent une sortie la nuit du 15 au 16, et enclouèrent deux pièces de canon dans la seconde parallèle; mais elles furent remises en état de servir six heures après. Le feu de l'artillerie des assiégeants était si vif, qu'il n'était pas possible aux défenseurs d'York-Town de monter un seul canon sur tout le front attaqué. Hors d'état d'opposer désormais une plus longue résistance, lord Cornwallis demanda, le 17 octobre, une suspension d'armes pendant un jour. Deux heures seulement lui furent accordées; alors il se décida à parlementer [1]. »

DLXIII.

SIÉGE D'YORK-TOWN. — 19 OCTOBRE 1781.

SORTIE DE LA GARNISON ANGLAISE.

Gouache par van BLARENBERG.

« Le jour suivant fut employé à discuter les articles de la capitulation, qui fut rédigée par le colonel américain Lawrence, dont le père était captif en Angleterre, et par le vicomte de Noailles, conjointement avec deux officiers supérieurs de l'armée anglaise. Les troupes de terre se rendaient prisonnières de guerre aux États-Unis, et celles de mer à l'armée navale française. Cette capitulation, qui fut signée le 19 octobre 1781, portait encore que les troupes ennemies défileraient l'arme au bras, les drapeaux dans leurs étuis, les tambours battant une marche anglaise ou allemande, et qu'elles viendraient déposer les armes sur les glacis, non loin d'York-Town, en présence des armées alliées.....

« Le nombre des prisonniers monta à six mille cinq cent quatre-vingt-onze, y compris deux mille quatre-

[1] *Histoire de l'indépendance américaine*, par Leboucher.

vingt-neuf malades et environ huit cents matelots. On trouva dans ces deux postes cent soixante canons de tout calibre, dont la moitié était en fonte, huit mortiers, vingt-deux drapeaux et quarante bâtiments de transport, dont vingt avaient été coulés bas[1]. »

DLXIV.

PRISE DES ILES SAINT-CHRISTOPHE ET NÉVIS. — 3 FÉVRIER 1782.

De Rossel.

Après la prise d'York-Town, le comte de Grasse était retourné dans les Antilles. Ayant pris à son bord le marquis de Bouillé, avec six mille hommes de troupes de débarquement, il sortit de la Martinique le 17 décembre 1781 dans le dessein d'attaquer la Barbade. Le mauvais temps qu'il essuya dans le canal de Sainte-Lucie ne lui permit pas d'entreprendre cette expédition; il se dirigea alors sur l'île Saint-Christophe. Ayant rencontré l'armée navale de l'amiral Hood, il lui livra combat, et poursuivit sa route « vers les îles Saint-Christophe et Névis. Le 3 février les armées de terre et de mer, aux ordres de M. le marquis de Bouillé et de M. le comte de Grasse, s'emparèrent de ces deux îles après trente-trois jours de siége[2]. »

---

[1] *Histoire de l'indépendance américaine*, par Leboucher.
[2] *Annales maritimes et coloniales*, par M. Bajot, t. II, p. 578.

DLXV.

COMBAT NAVAL EN VUE DE NÉGAPATNAM. — 6 JUILLET 1782.

THÉODORE DUBOIS (d'après le tableau de la galerie du ministère de la marine). — 1836.

Après l'affaire de la Praya, le bailli de Suffren fit une telle diligence, que non-seulement il dépassa le commodore Johnstone, mais qu'il précéda de plusieurs mois dans l'Inde l'amiral Bickerton, qui était parti d'Europe en même temps que lui. Il se rallia à l'escadre française du lieutenant général d'Orves, qui stationnait dans ces parages, et qui, étant mort le 3 février 1782, lui laissa bientôt le commandement de toutes les forces navales de la France dans ces mers.

Les Hollandais avaient déjà perdu la plus grande partie de leurs possessions; les Anglais leur avaient enlevé Sumatra, une partie de l'île de Ceylan, Négapatnam et Trinquemalé, sur la côte de Coromandel. L'amiral Hughes, à la tête d'une escadre composée de onze vaisseaux de ligne, de plusieurs frégates et quelques autres bâtiments, dominait dans les mers de l'Inde. L'arrivée du bailli de Suffren changea la face des choses; il comptait sous ses ordres un même nombre de vaisseaux, plusieurs frégates et d'autres bâtiments de transport, sur lesquels il y avait trois mille hommes destinés à renforcer l'armée d'Hyder-Ali.

Déjà l'escadre française s'était emparée, le 22 janvier, près de la côte de Coromandel, du vaisseau anglais *l'Annibal*, de cinquante canons. Elle s'était ensuite mesurée avec la flotte anglaise, dans la rencontre du 7 février et du 8 avril ; mais ce fut le 6 juillet, en vue de Négapatnam, qu'elles engagèrent un véritable combat. Le bailli de Suffren commandait sur *le Héros*, de soixante et quatorze canons ; l'amiral anglais montait *le Superbe*, également de soixante et quatorze.

« Le combat s'engagea à dix heures trois quarts entre les deux avant-gardes, au même bord, à un quart de portée de canon, et aux arrière-gardes, à une plus grande portée, parce que celle des Anglais, qui était au vent, ne cessa pas de se tenir à cette distance. Il dura environ deux heures avec la plus grande vigueur. Alors quelques vaisseaux français étant entièrement dégréés, et *le Brillant* ayant perdu son grand mât, *le Héros*, qui avait déjà fait de la voile pour le secourir, fit le signal d'arriver à *l'Annibal*, qui combattait de très-près et au vent de la ligne française. »

Une forte brise éloigna les deux armées encore en bataille, et y mit quelque désordre. La ligne anglaise était rompue, et plusieurs de ses vaisseaux étaient pêle-mêle à différents bords. Son chef de file avait quitté le combat, et serrait la terre en arborant le pavillon de détresse. *Le Monarch*, entièrement désemparé, ne pouvait plus gouverner, et *le Worcester*, après avoir reçu, sans riposter, plusieurs bordées de l'amiral français, au vent duquel il avait passé de très-près et à bord opposé, continuait à courir au large sans se rallier. Dans cette position, les deux escadres, plus occupées de leur ralliement que de la continuation du combat, s'éloignèrent respectivement à deux heures et demie, et allèrent jeter l'ancre, les Anglais entre Négapatnam et Naour, les Français à Karikal[1]. »

L'amiral Hughes débarqua six cents blessés; le bailli de Suffren n'en comptait que deux cent cinquante.

DLXVI.

COMBAT DU VAISSEAU FRANÇAIS LE SCIPION CONTRE LES VAISSEAUX ANGLAIS LE LONDON ET LE TORBAY. — 16 OCTOBRE 1782.

GILBERT (d'après le tableau de la galerie du ministère de la marine). — 1837.

Le 16 octobre 1782 M. de Grimoard, capitaine de vaisseau, commandant *le Scipion*, de soixante et quatorze canons, revenait d'escorter, avec la frégate *la Sibylle*, un convoi sorti du cap Français, lorsqu'il fut rencontré, à la hauteur de la baie de Samana, par les vaisseaux anglais *le London*, de quatre-vingt-dix-huit canons, et *le Torbay*, de soixante et quatorze. Il aborda le premier, l'enfila de long en long, et le mit entièrement hors de combat.

[1] *Annales maritimes et coloniales*, par M. Bajot, t. II, p. 595.

DLXVII.

COMBAT DES FRÉGATES FRANÇAISES LA NYMPHE ET L'AMPHITRITE CONTRE LE VAISSEAU ANGLAIS L'ARGO. — 11 FÉVRIER 1783.

GILBERT (d'après le tableau de la galerie du ministère de la marine). — 1837.

« Les frégates françaises *la Nymphe*, de quarante canons, et *l'Amphitrite*, de pareille force, s'emparent, à la hauteur de Tortola, du vaisseau *l'Argo*, de cinquante-deux canons. Ce vaisseau fut repris le même jour par deux vaisseaux ennemis, de soixante et quatorze canons chacun; mais les deux frégates françaises, commandées par M. le vicomte de Mortemart, capitaine de vaisseau, et de Saint-Ours, lieutenant, parvinrent à leur échapper. Elles eurent quatre hommes tués et vingt-trois blessés [1]. »

DLXVIII.

COMBAT NAVAL EN VUE DE GONDELOUR. — 20 JUIN 1783.

JUGELET.

Tandis que les armées d'Hyder-Ali et de Tippoo-Saëb, appuyées par les troupes européennes, reprenaient sur les Anglais les possessions dont ils s'étaient emparés, le bailli de Suffren continuait à promener vic-

---
[1] *Relations des guerres maritimes de 1778*, par le contre-amiral Kerguelen, p. 336.

torieusement le pavillon français dans les mers de l'Inde. Le 31 août il se rendit maître de Trinquemalé, et le 3 septembre, en vue de cette ville, il soutint un nouveau combat contre la flotte anglaise. Grâce à sa puissante protection, toute la côte de Coromandel était rangée sous les lois de la France.

Cependant, depuis près d'un an, sa flotte, qui avait beaucoup souffert, ne recevait aucun renfort; et ce fut dans cet état que, devant Gondelour, il fut contraint d'accepter une nouvelle bataille, que l'amiral anglais vint lui présenter avec des forces supérieures. Le bailli de Suffren avait sous ses ordres quinze vaisseaux, dont cinq de soixante et quinze canons, huit de soixante-quatre et deux de cinquante. L'escadre anglaise comptait dix-huit vaisseaux, dont un de quatre-vingts canons, sept de soixante et quatorze, sept de soixante-quatre et un de cinquante.

« Conformément à l'ordre qu'il en avait reçu, le bailli de Suffren avait transporté son pavillon sur une frégate, et parcourait sa ligne, en se tenant par le travers de son avant-garde. Lorsqu'elle ne fut plus qu'à demi-portée du canon il arbora le signal de commencer le combat. Tous ses vaisseaux tinrent le vent pour l'exécuter, et l'action s'engagea à quatre heures vingt minutes du soir, entre les deux escadres, au même bord, et par une canonnade très-vive de part et d'autre. Elle dura environ deux heures et demie; alors la nuit sépara les combattants[1]. »

[1] *Annales maritimes*, t. II, p. 616.

Cependant l'escadre française, qui avait l'avantage du vent, força les Anglais de se retirer devant elle avec plusieurs de leurs vaisseaux démâtés. Cette action fut la dernière de la guerre.

DLXIX.

PUBLICATION DU TRAITÉ DE PAIX DE VERSAILLES ENTRE LA FRANCE ET L'ANGLETERRE. — 25 NOVEMBRE 1783.

Van Ysendick. — 1837.

Le docteur Franklin avait été accrédité comme ministre plénipotentiaire des États-Unis d'Amérique près de la cour de France, et M. Adams avait été reconnu en la même qualité près des Provinces-Unies. Ces deux ministres, par l'intermédiaire de la France et de la Hollande, pressaient la reconnaissance de l'indépendance américaine. De son côté, le parlement anglais demandait la paix, et l'administration belliqueuse du marquis de Rockingham avait été remplacée par celle de lord Shelburne, qui, pour finir cette longue querelle, réclama l'intervention du cabinet de Versailles. Le 30 novembre 1782 les préliminaires de la paix furent arrêtés à Paris, et, par un traité conclu quelque temps après entre sir Richard Howard et le docteur Franklin, l'indépendance des États-Unis fut reconnue par l'Angleterre.

Des traités définitifs entre les cours de France, d'Espagne, d'Angleterre et de Hollande furent ensuite signés, les 3 et 22 septembre 1783, et la paix fut publiée dans Paris le 25 novembre 1783, avec tout le cérémonial usité en pareille circonstance. Le prévôt des marchands et les échevins, le lieutenant général de police, les lieutenants procureurs du Châtelet et les autres officiers y assistèrent. Ils parcoururent la ville, précédés des archers du guet, des huissiers à cheval et à pied, accompagnés du roi d'armes, des six hérauts et du corps de musique de la ville.

Le cortége, suivant l'usage, partit de l'hôtel de ville à midi, s'arrêta sur toutes les places publiques, devant le Palais-Royal, aux Tuileries, sur la place Vendôme, traversa les boulevards, et rentra à cinq heures.

Il y eut ensuite des feux de joie et de grandes illuminations dans les rues et à la façade de tous les établissements publics.

DLXX.

LOUIS XVI DONNE DES INSTRUCTIONS A M. DE LAPÉROUSE POUR SON VOYAGE AUTOUR DU MONDE. — JUILLET 1785.

Monsiau. — 1817.

« Louis XVI avait conçu, en 1785, l'idée d'une grande entreprise dans l'intérêt de l'humanité, de la navigation et du commerce. Le capitaine Cook, envoyé par le roi d'Angleterre dans la mer du Sud, pour y découvrir un passage d'Asie en Europe par le nord, avait fait trois voyages : le premier en 1769, le second en 1772, et le dernier en 1775. Il fut tué, lors de son dernier voyage, dans l'île d'Owyhée, par des sauvages qu'il avait comblés de bienfaits, laissant après lui un nom immortel, et à sa patrie l'avantage de plusieurs importantes découvertes.

« Ce fut pour compléter ce que ce grand homme avait laissé imparfait, que Louis résolut d'envoyer deux frégates sur les traces du capitaine anglais, pour rechercher le passage qu'il n'avait pas trouvé, faire des découvertes dans le continent austral et dans la mer du Sud, explorer des côtes peu connues, observer des volcans, rechercher des minéraux inconnus à l'Europe, des plantes nouvelles; étudier de nouveaux peuples, et chercher au commerce de nouveaux débouchés.

« Dans cette intention il fit préparer les frégates *la Boussole* et *l'Astrolabe,* et nomma pour chef de l'expédition Jean-François Galaup de Lapérouse, capitaine de vaisseau [1]. »

Avant le départ de l'expédition, le roi reçut dans son cabinet à Versailles Lapérouse, en présence du maréchal de Castries, ministre de la marine, et lui donna lui-même ses dernières instructions.

La Boussole et *l'Astrolabe* partirent de Brest le 1er août 1785. Lapérouse ne donna de ses nouvelles que le 25 juillet de l'année suivante.

---

[1] *Histoire de Louis XVI,* par Bourniseaux, t. II, p. 226.

DLXXI.

VOYAGE DE LOUIS XVI A CHERBOURG. — JUIN 1786.

Crépin. — 1814.

Depuis longtemps le ministère de la marine avait reconnu la nécessité d'ouvrir aux vaisseaux français un refuge entre Brest et Dunkerque. La rade de Cherbourg fut choisie comme celle qui pouvait le mieux offrir cet avantage, et en 1781 Louis XVI alla lui-même encourager les premiers travaux de sa présence.

Ces travaux marchèrent avec rapidité. « On devait lancer en mer, le 24 juin, un cône énorme; le roi voulut jouir de ce spectacle. Il partit de Rambouillet le 21 juin, avec le prince de Poix, les ducs d'Harcourt, de Villequier et de Coigny; il arriva à Cherbourg le 22, et le cône fut lancé aux cris de *vive le roi*[1] ! »

Le maréchal de Castries, ministre de la marine, avait précédé Louis XVI à Cherbourg. Le lendemain de son arrivée, le roi se rendit au port à l'heure de la marée montante. « Il était, rapporte l'auteur d'un voyage publié par Lacourière, vêtu d'un habit écarlate, ayant la broderie des lieutenants généraux. Il s'embarqua à trois heures et demie du matin; en cinq heures et demie de remorque, le cône parvint au point donné pour son échouage. M. de Cessart, créateur de cette glorieuse entreprise, demanda les ordres du roi pour l'immersion, qui fut exécutée en vingt-huit minutes. »

[1] *Histoire de Louis XVI*, par Bourniseaux, t. II, p. 237.

Le roi lui témoigna toute sa satisfaction. Il parcourut ensuite la rade, débarqua à l'île Pelée pour y prendre connaissance des fortifications; de là se rendit à la fosse du Gallet, et il rentra enfin après avoir tenu la mer plus de quinze heures consécutives.

Le retour du roi fut signalé par une triple salve des forts et de l'escadre, et à son débarquement il fut porté dans son canot par les marins et le peuple, au milieu des acclamations universelles.

DLXXII.

LOUIS XVI ABANDONNE LES DROITS DU DOMAINE SUR LES LAISSES DE MER AUX RIVERAINS DE LA GUYENNE. — 1786.

Berthon. — 1817.

Les eaux de la mer s'étant retirées, sur l'un des points de la côte de Guyenne, avaient laissé à découvert une portion de terrain qui, selon le principe du droit alors existant, était dévolue à la couronne. Cependant les riverains prétendaient, en vertu de quelques exceptions, avoir un droit particulier sur la propriété de ces terres. La cause ayant été portée au conseil du roi, Louis XVI décida contre lui-même en faveur des habitants de la côte.

Le parlement de Bordeaux vint en corps pour adresser des remercîments au roi, au nom de tous les habitants.

DLXXIII.

ASSEMBLÉE DES NOTABLES. — 22 FÉVRIER 1787.

. . . .

Louis XVI, pour remédier aux embarras financiers du royaume, qui s'aggravaient chaque jour, convoqua à Versailles une assemblée de notables, suivant l'exemple qui lui en avait été donné par plusieurs de ses prédécesseurs.

Voici en quels termes la Gazette de France raconte l'ouverture de cette assemblée :

« Sa majesté sortit de chez elle pour se rendre à l'assemblée, étant accompagnée, dans sa voiture, de Monsieur, de monseigneur le comte d'Artois, du duc d'Orléans, du prince de Condé et du duc de Bourbon. Le prince de Conti et le duc de Penthièvre, ne pouvant se placer dans la voiture du roi, s'y rendirent dans les leurs. Le roi, qui était dans son grand carrosse de cérémonie, fut accompagné d'un détachement de vingt-cinq chevau-légers de la garde ordinaire de sa majesté, commandés par le duc d'Agénois, capitaine-lieutenant de cette compagnie, en survivance, et suivi d'un pareil détachement des gendarmes de la garde, les officiers de chacun de ces corps occupant les places qui leur sont marquées. La fauconnerie, commandée par le chevalier de Forget, commandant général des fauconniers du cabinet du roi, marchait immédiatement devant la voiture de sa majesté et derrière celle de service, dans laquelle étaient le prince de Lambesc, grand écuyer de France; le duc de Coigny, premier écuyer de sa majesté; le duc de Fleury, premier gentilhomme de la chambre du roi, représentant le grand chambellan; le duc de Liancourt, grand maître de la garde-robe de sa majesté; le duc d'Ayen, capitaine des gardes de sa majesté, en quartier, et le duc de Brissac, capitaine-colonel des cent-suisses..... »

Le roi s'adressa en ces termes à l'assemblée :

« Messieurs, je vous ai choisis dans les différents or-
« dres de l'état, et je vous ai rassemblés autour de moi
« pour vous faire part de mes projets.

« C'est ainsi qu'en ont usé plusieurs de mes prédéces-
« seurs, et notamment le chef de ma branche, dont le
« nom est resté cher à tous les Français, et dont je me
« ferai gloire de suivre toujours les traces.

« Les projets qui vous seront communiqués de ma
« part sont grands et imposants. D'une part, améliorer
« les revenus de l'état, et assurer leur libération entière
« par une répartition plus égale des impositions; de
« l'autre, libérer le commerce de différentes entraves qui
« en gênent la circulation, et soulager, autant que les
« circonstances me le permettront, la partie la plus in-
« digente de mes sujets. Telles sont, messieurs, les
« vues dont je me suis occupé, et auxquelles je me suis
« fixé après le plus mûr examen. Comme elles tendent
« toutes au bien public, et connaissant le zèle pour
« mon service dont vous êtes tous animés, je n'ai point

« craint de vous consulter sur leur exécution; j'enten-
« drai et j'examinerai attentivement les observations
« dont vous les croirez susceptibles. Je crois que vos
« avis, conspirant tous au même but, s'accorderont fa-
« cilement, et qu'aucun intérêt particulier ne s'élèvera
« contre l'intérêt général. »

Sa majesté revint avec le même cérémonial et le même cortége.

DLXXIV.

LOUIS XVI DISTRIBUE DES SECOURS AUX PAUVRES. — HIVER DE 1788.

HERSENT. — 1817.

La fin de l'année 1788 fut remarquable par un hiver des plus rigoureux; depuis celui de 1709, devenu célèbre par la charité de l'archevêque de Cambrai, on n'en avait pas vu d'aussi cruel. « Tous les riches de la capitale et des provinces se signalèrent par d'abondantes aumônes. L'archevêque de Paris donna plus de six cent mille francs, et greva ses revenus pour alimenter et réchauffer les malheureux. D'autres évêques, dans les provinces, après avoir épuisé leurs ressources, vendirent leur mobilier, et se dépouillèrent pour vêtir ceux qui étaient nus et nourrir ceux qui avaient faim; les curés de Paris se distinguèrent dans cette circonstance par tout ce que la charité a de plus héroïque; le roi, la reine, les princes du sang, le duc de Penthièvre, la duchesse d'Orléans, la princesse de Lamballe, multiplièrent les dons en tout genre, et dépensèrent plus de cinq millions pour le soulagement des malheureux[1]. »

Louis XVI ne se contentait pas de ces largesses publiques que son trésor répandait sur les victimes trop nombreuses de ce cruel hiver; on le vit plusieurs fois parcourir les environs de Versailles, pour y chercher l'indigence et la soulager lui-même.

DLXXV.

PROCESSION DES ÉTATS GÉNÉRAUX. — 4 MAI 1789.

Louis Boulanger. — 1837.

Lorsqu'en 1789 Louis XVI convoqua à Versailles les derniers états généraux de la monarchie, il ne prétendait faire autre chose que d'aviser à un moyen sûr et décisif de remettre l'ordre dans les finances du royaume. En effet les dépenses de la guerre d'Amérique, succédant aux prodigalités du règne de Louis XV, avaient épuisé le trésor, et depuis six ans le gouvernement se consumait en d'inutiles efforts pour combler le déficit. L'assemblée des notables, réunie en 1787, avait opiné pour l'établissement de nouvelles taxes; mais l'autorité lui manquait pour les ériger en lois du royaume et en assurer la perception : il avait fallu demander au parlement de les enregistrer, et le parlement, fidèle à ses vieilles habitudes de guerre contre la cour, n'avait consenti à l'enregistrement que sous l'empire de la force, et en pro-

[1] *Histoire de Louis XVI*, par Bourniseaux, t. II, p. 359.

testant de son incompétence en matière d'impôt. C'est alors que, par un mouvement unanime et spontané, s'était réveillé dans les esprits le souvenir des anciens états généraux du royaume, que près de deux siècles de désuétude semblaient avoir effacé. Mais dans ce retour à l'une des institutions fondamentales de la monarchie, les vœux de la nation française allaient au delà d'une réforme financière; le besoin d'une réforme politique se faisait impérieusement sentir, et les cahiers remis, selon l'ancienne coutume, aux députés par leurs bailliages, témoignaient de la mission que la France leur avait donnée de mettre un terme aux abus sous lesquels elle gémissait depuis tant de siècles.

Cependant M. Necker venait de succéder au cardinal de Brienne dans l'administration des finances. Sa popularité était grande alors : il avait suffi de sa présence pour relever le crédit public, et le doublement des députés du tiers état, accordé à l'impatience du vœu national, était attribué à son heureuse influence dans les conseils du roi. Ce fut donc avec un sentiment de joie universelle que la France, confiante et inexpérimentée comme on l'est aux premiers jours des révolutions, vit arriver le moment où allait s'ouvrir une assemblée qu'elle croyait appelée à réaliser toutes ses espérances de liberté et de bonheur.

L'ouverture des états généraux avait été fixée au 5 mai 1789; conformément au cérémonial en usage, elle fut précédée d'une solennité religieuse, qui eut lieu la veille.

Les députés ayant été invités à assister le 4 mai, en habit de cérémonie, à la procession générale du Saint-Sacrement, ils se rendirent de bonne heure dans l'église Notre-Dame, paroisse du château de Versailles. Le roi sortit à dix heures pour se rendre à cette église. Ses carrosses, ceux de la reine, des princes ses frères, des autres princes et princesses du sang, etc. etc. tout le cortége enfin et la pompe qui entourent les rois de France dans les grandes cérémonies se montrèrent à celle-ci. Un peuple nombreux répandu dans les rues, les croisées garnies de spectateurs, et le beau temps, concoururent à la magnificence de ce spectacle. Sa majesté avait dans son carrosse Monsieur (comte de Provence), M. le comte d'Artois, M. le duc d'Angoulême, M. le duc de Berri et M. le duc de Chartres [1]; la reine et les autres princesses venaient à la suite de sa majesté. Après une courte prière à Notre-Dame, la procession commença à se former; il était alors onze heures. Elle était ouverte par les récollets, seul corps de religieux qui fût à Versailles; venait ensuite le clergé des deux paroisses de Versailles; puis venaient tous les députés des trois ordres composant les états généraux. Ils marchaient sur deux files, chacun d'eux portant un cierge à la main. L'ordre de préséance étant renversé, suivant l'usage des processions où les rangs inférieurs précèdent

---

[1] M. le duc de Chartres occupait dans la voiture du roi la place de M. le duc d'Orléans, son père, qui, nommé aux états généraux par la noblesse du bailliage de Crépy en Valois, marchait dans la procession à son rang de député.

les rangs supérieurs, les députés du tiers état se trouvaient les premiers, dans le costume de leur ordre. On remarquait parmi eux un laboureur breton (M. Gérard), qui avait conservé le costume des paysans de sa province, et qui n'en a jamais porté d'autre pendant toute la durée de son mandat. Les députés de la noblesse suivaient ceux du tiers état, et ceux du clergé fermaient la marche. Les évêques étaient placés immédiatement avant le dais du Saint-Sacrement, porté par M. l'archevêque de Paris (Leclerc de Juigné); M. l'archevêque de Rouen (le cardinal de la Rochefoucauld), à grand'chape de cardinal, avait la place d'honneur. Le dais était porté par les grands officiers et les gentilshommes d'honneur des princes frères du roi, qui se relevaient successivement. Les cordons du dais étaient tenus par Monsieur, M. le comte d'Artois, M. le duc d'Angoulême, M. le duc de Berri. Le roi, placé au centre des files qui suivaient, marchait immédiatement derrière le dais, entouré des grands officiers de sa maison. La reine était à la tête de la file de gauche, composée des princesses et des dames de leurs maisons, chacune à son rang respectif. La file de droite était composée des princes et des ducs et pairs. M. le duc de Chartres marchait à la tête de cette file, comme l'aîné des princes qui s'y trouvaient; il était suivi de M. le prince de Condé, M. le duc de Bourbon, M. le duc d'Enghien et M. le prince de Conti. Les ducs et pairs venaient ensuite.

DLXXVI.

OUVERTURE DES ÉTATS GÉNÉRAUX A VERSAILLES.— 5 MAI 1789.

COUDER. — 1839.

On avait disposé la salle des Menus-Plaisirs, à Versailles, pour la cérémonie des états généraux. « Cette salle, rapporte le Moniteur[1], de cent vingt pieds de longueur, et de cinquante-sept de largeur en dedans des colonnes, est soutenue sur des colonnes cannelées d'ordre ionique, sans piédestaux, à la manière grecque; l'entablement est enrichi d'ogives, et au-dessus s'élève un plafond percé en ovale dans le milieu. Le jour principal vient par cet ovale, et est adouci par une espèce de tente en taffetas blanc. Dans les deux extrémités de la salle on a ménagé deux jours pareils, qui suivent la direction de l'entablement et la courbe du plafond. Dans les bas côtés on a disposé, pour les spectateurs, des gradins, et, à une certaine hauteur des murs, des travées ornées de balustrades.

« La partie de la salle destinée à former l'estrade pour le roi et pour la cour est surmontée d'un magnifique dais, dont les retroussis sont attachés aux colonnes, et tout le derrière du trône forme une vaste enceinte, tapissée de velours semé de fleurs de lis.

« Le trône était placé sous le grand baldaquin; au côté gauche du trône était un fauteuil pour la reine, et en-

[1] Ier vol. p. 235.

suite des tabourets pour les princesses. A droite il y avait des pliants pour les princes; auprès du marchepied du trône, une chaise à bras pour le grand chambellan. Au bas de l'estrade était adossé un banc pour les secrétaires d'état, et devant eux une longue table couverte d'un tapis de velours violet, semé de fleurs de lis.

« Les banquettes à la droite étaient destinées aux quinze conseillers d'état et aux vingt maîtres des requêtes invités à la séance; les banquettes de la gauche ont été occupées par les gouverneurs et lieutenants généraux des provinces.

« Dans la longueur de la salle, à droite, étaient d'autres banquettes pour les députés du clergé; à gauche il y en avait pour la noblesse; et dans le fond, en face du trône, étaient celles destinées aux communes. Tous les planchers de la salle et de l'estrade étaient recouverts de magnifiques tapis de la Savonnerie. »

L'ouverture des états généraux eut lieu le 5 mai 1789; ils se composaient de onze cent quatre-vingt-trois députés, savoir : deux cent quatre-vingt-onze du clergé, deux cent soixante et dix de la noblesse, et six cent vingt-deux du tiers état.

« Vers une heure les hérauts d'armes annoncèrent l'arrivée du roi. Aussitôt tous les députés se lèvent, et des cris de joie retentissent de toutes parts.

« Bientôt le roi paraît; les applaudissements les plus vifs se font entendre, accompagnés des cris de *vive le roi !* Sa majesté monte sur son trône. On remarque que ses regards se promènent avec un air de satisfaction sur la réunion imposante des députés du royaume. La reine s'assied à la gauche du roi, hors du dais, sur un fauteuil inférieur au trône et placé quelques degrés plus bas. Deux rangées de pliants se trouvaient de chaque côté du trône. Ceux de droite étaient occupés par les princes et ceux de gauche par les princesses. Les princes présents étaient Monsieur (comte de Provence), M. le comte d'Artois, M. le duc d'Angoulême, M. le duc de Berri, M. le duc de Chartres, M. le prince de Condé, M. le duc de Bourbon, M. le duc d'Enghien et M. le prince de Conti. Les princesses placées à la gauche de la reine étaient Madame (comtesse de Provence), madame Élisabeth, madame la duchesse d'Orléans, madame la duchesse de Bourbon et madame la princesse de Lamballe. Les ducs et pairs occupaient une rangée de tabourets derrière les princes, et le cortége royal garnissait tout le fond de l'estrade. Le garde des sceaux (le chancelier étant absent) était assis sur un carreau, sur la seconde marche du trône, et les ministres, au pied de l'estrade. »

Le roi s'étant couvert, et le garde des sceaux ayant pris ses ordres, dit à haute voix, « Messieurs, le roi permet qu'on s'asseye et qu'on se couvre; » et tous les députés s'étant aussitôt assis et couverts, Louis XVI prononça un discours dans lequel il conseillait le désintéressement aux uns, la sagesse aux autres, et parlait à tous de son amour pour ses peuples. Le garde des sceaux, M. de Barantin, prit ensuite la parole, et après lui M. Necker lut un long mémoire sur l'état du royaume, où il parlait surtout de la situation des finances, et accusait un déficit de cinquante-six millions. Quand il eut achevé, le roi leva la séance, en laissant l'injonction aux députés de chaque ordre de se rendre le lendemain dans le local qui leur était destiné, pour y commencer le cours de leurs délibérations.

DLXXVII.

SERMENT DU JEU DE PAUME. — 20 JUIN 1789.

Couder.

Le lendemain même de l'ouverture des états généraux une violente scission éclata entre les trois ordres. Les deux ordres privilégiés, d'accord en cela avec la cour, voulaient une salle des séances distincte et des votes séparés; le tiers état, confiant dans la force que lui donnaient le nombre et la faveur de l'opinion, prétendait appeler sur les bancs où il siégeait le clergé et la noblesse, et y voter en commun. Après un mois passé en délibérations sans issue et en vains essais de conciliation, les communes tranchèrent le débat en se constituant souverainement sous le grand nom d'*Assemblée nationale* (16 juin). Cette démarche, aussi habile que hardie, effraya d'abord la cour; puis, avec cette imprudente légèreté qui passe presque sans transition des angoisses de la peur aux plus téméraires résolutions, on se décida à un coup d'état. Il fut convenu que Louis XVI, dans tout l'appareil de la majesté royale, irait signifier ses volontés à l'assemblée par une ordonnance de réformation, qui poserait les limites des concessions qu'il prétendait faire, et arrêterait ainsi dans le principe toutes les entreprises de l'esprit d'innovation. La séance royale fut fixée au 22 juin : un ordre du roi suspendait jusque-là les séances de l'assemblée.

Cependant « Bailly, se croyant obligé d'obéir à l'assemblée, qui, le vendredi 19, s'était ajournée au lendemain samedi, se rend à la porte de la salle : des gardes françaises l'entouraient, avec ordre d'en défendre l'entrée. L'officier de service reçoit Bailly avec respect, et lui permet de pénétrer dans une cour pour y rédiger une protestation. Quelques députés jeunes et ardents veulent forcer la consigne. Bailly accourt, les apaise et les emmène avec lui pour ne pas compromettre le généreux officier qui exécutait avec tant de modération les ordres de l'autorité. On s'attroupe en tumulte, on persiste à se réunir; les uns proposent de tenir séance sous les fenêtres mêmes du roi ; les autres proposent la salle du jeu de paume ; on s'y rend aussitôt : le maître la cède avec joie.

« La salle était vaste, mais les murs en étaient sombres et dépouillés ; il n'y avait point de siéges ; on offre un fauteuil au président, qui le refuse, et veut demeurer debout avec l'assemblée ; un banc sert de bureau ; deux députés sont placés à la porte pour la garder, et sont bientôt relevés par la prévôté de l'hôtel, qui vient offrir ses services. Le peuple accourt en foule, et la délibération commence. On s'élève de toutes parts contre cette suspension des séances, et l'on propose divers moyens pour l'empêcher à l'avenir. L'agitation augmente, et les partis extrêmes commencent à s'offrir aux imaginations. On propose de se rendre à Paris : cet avis, accucilli avec chaleur, est agité vivement ; déjà même on parle de s'y transporter en corps et à pied. Bailly est épouvanté des violences que pourrait essuyer l'assemblée pendant la route ; redoutant d'ailleurs une scission, il s'oppose à ce projet. Alors Mounier propose aux députés de s'engager par serment à ne pas se séparer avant l'établissement d'une constitution. Cette proposition est accueillie avec transport ; la formule du serment est aussitôt rédigée. Bailly demande l'honneur de s'engager le premier, et lit la formule ainsi conçue : « Vous prêtez le serment solennel de ne jamais vous « séparer, de vous rassembler partout où les circons- « tances l'exigeront, jusqu'à ce que la constitution du « royaume soit établie et affermie sur des fondements « solides. » Cette formule, prononcée à haute et intelligible voix, retentit jusqu'au dehors. Aussitôt toutes les bouches profèrent le serment ; tous les bras sont tendus vers Bailly, qui, debout et immobile, reçoit cet engagement solennel d'assurer par des lois l'exercice des droits nationaux. La foule pousse aussitôt des cris de *vive l'assemblée ! vive le roi !* comme pour prouver que, sans colère et sans haine, mais par devoir, elle recouvre ce qui lui est dû. Les députés se disposent ensuite à signer la déclaration qu'ils viennent de faire[1]. »

[1] *Histoire de la révolution française*, par M. Thiers, t. I, p. 68-69.

DLXXVIII.

FÉDÉRATION DES GARDES NATIONALES ET DE L'ARMÉE AU CHAMP DE MARS A PARIS. — 14 JUILLET 1790.

COUDER.

La cour, toujours aveugle, malgré les premières leçons que lui avaient données les événements, continuait à aigrir l'esprit public par ses imprudentes résistances. Bientôt la prise de la Bastille, l'institution de la garde nationale et l'adoption de la cocarde tricolore, les événements des 5 et 6 octobre, qui transportèrent à Paris la résidence du roi et de l'assemblée; enfin les grands travaux de l'assemblée elle-même, qui portait hardiment la réforme dans chacune des parties de l'ordre social, tout s'unit pour précipiter le cours de la révolution. Elle était pure et glorieuse encore : à peine quelques excès étaient venus se mêler aux grandes choses qu'elle avait faites ; mais déjà, au dedans comme au dehors, des ennemis commençaient à la menacer. « C'est alors que la municipalité de Paris, dit M. Thiers, proposa une fédération générale de toute la France, qui serait célébrée le 14 juillet, au milieu de la capitale, par les députés de toutes les gardes nationales et de tous les corps de l'armée. »

L'Assemblée nationale ayant accueilli cette proposition, et le roi ayant sanctionné son décret, les députés fédérés arrivèrent de toutes parts à Paris, formant une réunion d'environ cent trente mille hommes. Dès l'aube du jour fixé, cette grande armée fédérale était en bataille sur les boulevards, formée par départements et par districts, chaque département portant sa bannière. Les bataillons de chaque département étaient classés en légion départementale, et placés dans la ligne de son ordre alphabétique ; en sorte que le département de l'Ain était à la droite, près de la Madeleine, et le département de l'Yonne à la gauche, sur la place de la Bastille ; l'armée de ligne était au centre. Tous ces députés, le sabre à la main, se mirent en marche au signal donné, et au milieu des acclamations générales, en se dirigeant sur le Champ-de-Mars. L'Assemblée nationale constituante, réunie dans le jardin des Tuileries, sortit par le Pont-Tournant, et s'interposa au milieu de la colonne, sur la place Louis XV. Un pont temporaire, construit sur l'emplacement actuel du pont d'Iéna, servit au passage de cette imposante armée, qui se déploya dans le Champ-de-Mars, pendant que l'assemblée se rendait sur les gradins qui avaient été érigés devant l'École militaire, et où le roi s'était rendu de son côté. Assis sur son trône, au centre de cette solennelle réunion, il avait à sa droite le président (marquis de Bonnay), pour lequel un fauteuil de moindre dimension avait été préparé, mais qui se tint respectueusement debout pendant toute la cérémonie.

« Un balcon, élevé derrière le roi, portait la reine et la cour. Les ministres étaient à quelque distance du roi, et les députés rangés des deux côtés. Quatre cent mille spectateurs chargeaient les amphithéâtres latéraux ; soixante mille fédérés armés faisaient leurs évolutions dans le champ intermédiaire; et au centre s'élevait, sur une base de vingt-cinq pieds, le magnifique autel de la Patrie. Trois cents prêtres, revêtus d'aubes blanches et d'écharpes tricolores, en couvraient les marches, et devaient servir la messe.

« Enfin la cérémonie commence; le ciel, par un hasard heureux, se découvre et éclaire de son éclat cette scène solennelle. L'évêque d'Autun commence la messe; les chœurs accompagnent la voix du pontife; le canon y mêle ses bruits solennels. Le saint sacrifice achevé, Lafayette descend de cheval, monte les marches du trône, et vient recevoir les ordres du roi, qui lui confie la formule du serment. Lafayette la porte à l'autel, et, dans ce moment, toutes les bannières s'agitent, tous les sabres étincellent. Le général, l'armée, le président, les députés crient : *Je le jure!* Le roi debout, la main étendue vers l'autel, dit : « *Moi, roi des Français, je jure d'employer le « pouvoir que m'a délégué l'acte constitutionnel de l'État à « maintenir la constitution décrétée par l'Assemblée nationale « et acceptée par moi* [1]. »

[1] *Histoire de la révolution française*, par M. Thiers, t. I, p. 241 et 248.

DLXXIX.

LA GARDE NATIONALE DE PARIS PART POUR L'ARMÉE. — SEPTEMBRE 1792.

Léon Cogniet. — 1837.

La révolution de 1789 avait répandu l'alarme dans toutes les cours de l'Europe. Elles s'étaient flattées d'abord que la cour de France trouverait dans ses propres ressources les moyens de la comprimer et d'en détruire les résultats; mais plus ces tentatives se renouvelaient, plus elles recevaient d'échecs, et à mesure que l'impuissance de la cour et son impéritie devenaient chaque jour plus évidentes à tous les yeux, l'irritation de la nation devenait d'autant plus forte et le danger de la chute du trône d'autant plus imminent. Malheureusement, au lieu de voir le remède à cet état de choses dans un acquiescement sincère aux vœux de la nation, au lieu de chercher à obtenir d'elle cet attachement et ce concours auxquels, dans tous les siècles, le trône de France avait dû sa stabilité, la cour, toujours aveugle, ne connaissait de salut pour elle que dans la coopération des puissances étrangères, et ce n'était plus que dans leurs armées qu'on se flattait de trouver les moyens de force que l'armée française ne donnait plus pour comprimer le vœu national et maintenir le système de gouvernement que ce vœu repoussait. Mais aussi on se croyait certain du succès si l'on parvenait à déterminer les cours de l'Europe à faire marcher leurs armées pour opérer en

France ce qu'on appelait alors *la contre-révolution*. On s'efforça donc de persuader aux puissances que leur existence serait compromise, si elles ne prenaient pas ce parti. Tout fut mis en œuvre pour les y entraîner, et on en vint à bout. D'une part, les progrès rapides et effrayants que l'esprit révolutionnaire faisait en France; de l'autre, ces nombreuses fuites ou désertions de la plupart des propriétaires fonciers et des officiers (alors presque tous nobles) de l'armée française, qu'on a pompeusement appelées *l'émigration*, répandaient partout les illusions et les déceptions qui fascinaient leurs yeux. Ils partaient dans la confiance que l'armée française, privée de l'avantage d'être commandée par eux, serait hors d'état d'opposer aucune résistance à l'invasion des armées étrangères, et que leur retour, *à leur suite*, ne serait qu'*une marche triomphante sur Paris*, ou plutôt *une simple promenade militaire*.

Cependant, bien loin d'intimider, cette jactance et ces menaces ralliaient tous les Français autour du drapeau de la patrie, et produisaient, pour la défense de l'indépendance nationale, cette énergie et cet élan général dont le résultat a été aussi glorieux pour la France que fatal aux malheureux qui s'étaient laissé égarer par les forfanteries de l'émigration. Aussi, dès que la fuite de Varennes, en 1791, eut confirmé les soupçons de la nation sur les projets concertés entre la cour et les puissances étrangères, la France mit sur pied quatre-vingt-onze mille hommes de volontaires nationaux, en addition à ses troupes de ligne. La formation des rassemblements d'émigrés armés à Coblentz, en Belgique et sur le Rhin; la protection qui leur était accordée, la connaissance des traités conclus et du concert arrêté entre la plupart des souverains de l'Europe, ne permettaient plus de douter que les puissances étrangères ne fussent résolues à attaquer la France aussitôt que leurs armées seraient prêtes à entrer en campagne.

L'inquiétude et la colère que ces préparatifs excitaient en France provoquaient de toutes parts la demande de mesures de rigueur contre les émigrés et ceux qu'on soupçonnait ou qu'on accusait d'être de leur parti, et celle d'une déclaration de guerre aux puissances, afin que les armées françaises pussent prendre l'initiative et devancer l'attaque qui se préparait contre la France.

En effet, dès le 20 avril 1792, Louis XVI, entraîné par le ministère du général Dumouriez, s'était rendu à l'Assemblée nationale législative, et, aux termes de la constitution de 1791, alors en vigueur, il y avait proposé le décret qui autorisait *la déclaration de guerre au roi de Hongrie et de Bohême*, c'est-à-dire à l'Autriche; et ce décret avait été rendu immédiatement. Néanmoins toutes les mesures qui devaient suivre ce grand acte furent partiellement et même souvent complétement annulées. La mauvaise volonté de la cour, et d'autres influences non moins actives, paralysèrent tout ce que le ministère s'était flatté d'entreprendre. Une résistance tacite, mais invincible, empêchait que les armées françaises ne fussent réunies en grandes masses. A peine avait-on rassemblé sur la frontière du Nord quelques faibles corps de troupes, qu'on se refusait même à laisser agir, lorsque rien ne semblait pouvoir s'opposer à leurs opérations au dehors. Mais plus ce grand mouvement national pour la défense de la patrie rencontrait d'obstacles dans son développement, plus la violence des passions augmentait en intensité, et plus le parti révolutionnaire acquérait de moyens et de forces pour l'exécution de ses détestables projets.

A la fin de juillet 1792 le trop fameux manifeste du duc de Brunswick vint révéler à la France les intentions et les projets des puissances armées contre elle, et la prochaine arrivée sur ses frontières d'une armée de cent vingt mille hommes destinée à les mettre à exécution. Aussitôt un décret de l'assemblée nationale, encore sanctionné par le roi, déclara *que la patrie était en danger.* La proclamation de ce décret fut faite partout avec une grande solennité ; mais elle ne fut accompagnée d'aucune de ces grandes mesures que l'opinion publique réclamait avec force, et qui pouvaient seules mettre la France en état de résister à l'attaque dirigée contre elle. La catastrophe du 10 août ne se fit pas attendre longtemps dans cette déplorable inaction, et ausssitôt qu'elle eut brisé les entraves qui arrêtaient le déploiement des forces nationales, la garde nationale de Paris donna le grand exemple de partir en masse pour l'armée ; et en peu de jours la seule ville de Paris vit sortir de ses murs quarante-huit bataillons armés et équipés, formant un total de trente-cinq mille hommes, qui volaient à la défense de la patrie.

Mais, s'il est glorieux pour la France de rappeler ce grand acte de patriotisme, il est douloureux de penser que, lorsque tant de bras s'armaient pour combattre et repousser l'invasion étrangère, il ne s'en est point trouvé pour s'opposer aux massacres qu'une poignée de misérables brigands faisaient froidement devant les portes des prisons, où la puissance révolutionnaire avait amoncelé les nombreuses victimes destinées à tomber sous leurs coups!

DLXXX.

COMBAT DANS LES DÉFILÉS DE L'ARGONNE. — SEPTEMBRE 1792.

Eug. Lami. — 1835.

DLXXXI.

BATAILLE DE VALMY. — 20 SEPTEMBRE 1792.

Mauzaisse (d'après le tableau d'Horace Vernet). — 1834.

« Le territoire français était envahi. Une armée combinée de Prussiens, d'Autrichiens, de Hessois, etc. marchait sur Paris sous les ordres du duc de Brunswick. Le roi de Prusse y était en personne, et un groupe nombreux de princes se faisait remarquer dans son état-major. Le général Dumouriez venait de remplacer le général Lafayette dans le commandement de l'armée française qui était campée près de Sedan, tandis que le général Kellermann succédait au maréchal Luckner dans le commandement de celle qui était campée sous

Metz. L'armée de Dumouriez ne comptait que trente-trois mille hommes dans ses rangs, et celle de Kellermann n'en comptait que vingt-sept mille ; mais la proclamation du danger de la patrie avait fait partir de toutes parts des bataillons de volontaires et de fédérés, qui arrivaient à marches forcées pour s'opposer aux progrès de l'armée étrangère qui pénétrait en France. En trois jours la seule ville de Paris avait mis sur pied, armé, équipé et envoyé à l'armée quarante-huit bataillons d'infanterie, formant trente-cinq mille hommes effectifs. Cependant ces troupes, plus ardentes qu'aguerries et disciplinées, étaient presque toutes retenues à Châlons-sur-Marne par des ordres que dictait la crainte qu'elles ne devinssent nuisibles au bon ordre des armées agissantes. Luckner, décoré du vain titre de généralissime, était chargé du commandement de cette grande réserve, qui paraissait destinée plutôt à imposer à l'ennemi par sa masse qu'à le combattre réellement.

« Aussitôt que le général Dumouriez avait pris le commandement de l'armée campée près de Sedan, il s'était porté sur l'Argonne, dont les défilés lui paraissaient la ligne de défense la plus efficace pour arrêter la marche rapide de l'armée ennemie. Ce fut en y prenant position à Grandpré qu'il apprit la perte de Verdun, et qu'il écrivit au conseil exécutif cette lettre remarquable, que les événements postérieurs ont rendue si glorieuse :

« Verdun est pris, et j'attends les Prussiens. Le camp

« de Grandpré et celui des Islettes sont les Thermo-
« pyles de la France; mais je serai plus heureux que
« Léonidas. »

« Il le fut en effet; mais différentes causes ébranlaient la confiance que méritait le plan de défense qu'il avait conçu, et, pour le soutenir, il fut obligé de lutter constamment avec le conseil exécutif et avec plusieurs de ses généraux, qui considéraient la Marne comme la véritable ligne de défense, et qui s'efforçaient de lui faire prendre cette timide attitude; en sorte qu'au lieu de presser la jonction de l'armée de Kellermann avec la sienne, le conseil exécutif engageait Kellermann à rester sur la haute Marne, tantôt à Saint-Dizier, et tantôt à Vitry-le-Français. Il est probable qu'on espérait, par cette inaction, amener Dumouriez à adopter le système qu'on préférait à Paris, et à se replier derrière la Marne; mais il resta seul et inébranlable dans ses camps de Grandpré et des Islettes, jusqu'à ce que son aile gauche eut été battue et enfoncée à la Croix-aux-Bois, le 14 septembre. Ce succès ouvrait à l'armée du duc de Brunswick un débouché dans les plaines de la Champagne, où il se jeta aussitôt avec la plus grande partie de ses forces. Dumouriez fut obligé d'abandonner Grandpré; mais il conserva les Islettes et la Chalade, et il se replia sur Sainte-Menehould, en prenant ces deux postes importants pour pivot, et faisant un grand quart de conversion en arrière. En faisant ce mouvement rétrograde dans la journée du 16 septembre, une terreur panique se répandit dans l'armée ; la cavalerie passa au galop sur l'infanterie, tous les corps se mêlèrent, et le désordre devint général; mais les ennemis ne s'en aperçurent point : le chaos fut débrouillé avant qu'ils en eussent connaissance, et l'armée occupa en bon ordre le camp de Sainte-Menehould. Par cette nouvelle position Dumouriez restait maître de la grande route de Verdun à Châlons, et forçait les Prussiens à établir leurs communications par des chemins et dans un pays que la mauvaise saison commençait à rendre impraticables.

« Ce fut dans cette position que Dumouriez pressa de nouveau son collègue Kellermann de se joindre à lui, et que celui-ci s'y décida enfin : l'armée de Kellermann prit donc position sur la gauche de celle de Dumouriez, le 19 septembre au soir, entre Valmy et Dammartin-la-Planchette. Elle campa sur deux lignes, la première sous les ordres du lieutenant général Valence, la seconde sous ceux du lieutenant général duc de Chartres. L'avant-garde de Kellermann, commandée par le général Desprez de Crassier, prit poste à Hans, ayant derrière elle, à Valmy, le général Stengel avec un corps de troupes légères de l'armée de Dumouriez. Gisaucourt fut occupé par le colonel Tolozan, avec le premier régiment de dragons.

« Cependant l'armée prussienne, défilant par Grandpré et la Croix-aux-Bois, s'avançait dans les plaines de la Champagne, et pénétrait jusqu'à la route de Châlons, en sorte qu'elle s'interposait entre l'armée française et Paris.

« Le 20 septembre, avant le jour, les hussards prussiens de Kœhler surprirent le premier régiment de dragons dans Gisaucourt, qui, comme on l'a déjà dit, était derrière le camp de Kellermann. Le colonel Tolozan n'eut que le temps de faire monter son régiment à cheval et de sortir du village, où il perdit tous ses équipages. Heureusement les hussards prussiens n'avaient point d'infanterie avec eux : en sorte qu'ils n'osèrent pas rester à Gisaucourt, et que ce poste important, ayant été peu après repris par les troupes françaises, ne leur fut plus enlevé. Vers six heures et demie du matin, on entendit une forte canonnade du côté de Hans, où était l'avant-garde, et on battit la générale au camp. Desprez de Crassier fit avertir Kellermann qu'étant attaqué par des forces considérables il allait se replier ; il ajoutait que le brouillard épais de cette matinée ne lui permettait pas de bien reconnaître le corps qui l'attaquait, mais qu'il croyait que c'était toute l'armée prussienne qui s'avançait en masse. Desprez de Crassier suivit de près cet avis, et revint au camp avec toute l'avant-garde. Kellermann le dirigea aussitôt sur Gisaucourt, afin d'assurer la conservation de ce poste important. En même temps il plaça sa première ligne sous les ordres du général Valence, devant Orbeval, entre la rivière d'Auve et la colline de Valmy, perpendiculairement à la chaussée de Châlons. La seconde ligne, commandée par le duc de Chartres, fut placée parallèlement à la chaussée et perpendiculairement à la première, sur la crête de la colline de Valmy : en sorte que les deux lignes formaient une équerre. Une forte batterie d'artillerie de position fut établie au moulin de Valmy, qui était le point le plus élevé de ces coteaux. Quelle qu'eût été la promptitude du duc de Chartres à se mettre en mouvement, la nécessité de détendre le camp et de charger les chevaux de bât lui avait fait perdre tant de temps, qu'il était près de huit heures lorsqu'il arriva au moulin de Valmy avec la tête de son infanterie. « Arrivez donc, arrivez donc! lui dit le général « Stengel, car je ne peux pas quitter le poste où je « suis sans y être relevé ; et pourtant, si je ne devance « pas les Prussiens là-dessus, ajouta-t-il en montrant « la côte de l'Hyron, nous serons écrasés ici tout à « l'heure. » En même temps, après avoir ordonné à son infanterie de le suivre comme elle pourrait, il partit au grand trot avec quelques escadrons de troupes légères qu'il avait sous ses ordres, et les deux compagnies d'artillerie à cheval des capitaines Barrois et Anique, traversa rapidement le village de Valmy et le vallon qui le séparait de la côte de l'Hyron, et y arriva au moment où une colonne prussienne s'avançait pour l'occuper. Il repoussa cette colonne et défendit l'Hyron pendant toute la journée avec la plus grande vigueur.

« Le général Dumouriez, voyant que l'attaque se dirigeait sur l'armée de Kellermann, vint trouver son collègue, et l'instruisit lui-même des dispositions qu'il avait faites pour le soutenir. Il avait partagé son armée en trois corps, qu'il avait mis en mouvement sur-le-champ, sans compter la réserve qu'il avait laissée dans le camp de Sainte-Menehould, et le corps du général Arthur Dillon, qui occupait les Islettes. Le corps de gauche, fort de neuf bataillons et de huit escadrons, sous les ordres du général Chazot, se porta, par la chaussée de Châlons, sur les hauteurs de Dampierre-sur-Auve et de Gisaucourt, pour soutenir le général Desprez de Crassier et la gauche du général Valence. Celui du centre, de seize bataillons, sous les ordres du général Beurnonville, fut dirigé sur la côte de l'Hyron pour soutenir le général Stengel; et celui de droite, de douze bataillons et de huit escadrons, sous les ordres du général Leveneur, fut chargé de s'étendre sur la droite de Beurnonville, afin de tâcher d'entamer l'arrière-garde des Prussiens, et de tomber sur leurs équipages.

« La canonnade, qui avait déjà commencé au moulin de Valmy, avant que le duc de Chartres y eût relevé le général Stengel, devint très-vive vers dix heures. Les Prussiens établirent contre le moulin deux batteries principales, qu'ils renforcèrent ensuite successivement. L'une d'elles était sur le prolongement de la colline du moulin, et l'autre sur la colline en face, du côté de la chaussée, devant la cense dite de *la Lune*, que cette journée a rendue célèbre, et où le roi de Prusse fixa le lendemain son quartier général. Ces batteries firent perdre beaucoup de monde à l'armée française; mais cette perte n'ébranla point la fermeté des troupes, et il n'y eut qu'un instant de désordre dans deux bataillons de la division commandée par le duc de Chartres, entre lesquels un obus fit sauter deux caissons pleins de cartouches. Cette explosion les dispersa momentanément ; mais ils se rallièrent promptement, malgré le feu auquel ils étaient exposés, et reprirent immédiatement leur place dans la ligne. L'ardeur des troupes était même si grande ce jour-là, que tous les cavaliers, carabiniers et dragons dont les chevaux étaient tués ou blessés couraient aussitôt, la carabine sur l'épaule, se placer dans les rangs de l'infanterie.

« Vers onze heures, le brouillard s'étant entièrement dissipé, on découvrit l'armée ennemie qui s'avançait dans le plus grand ordre sur plusieurs colonnes, et qui se déploya avec autant de précision qu'elle aurait pu le faire sur une esplanade, dans la grande plaine qui s'étend de Somme-Bionne vers la Chapelle-sur-Auve. L'œil pouvait alors embrasser plus de cent mille hommes prêts à se livrer bataille ; et ce spectacle était d'autant plus imposant, qu'on n'était pas encore habitué à voir des armées aussi nombreuses que celles qu'on a vues depuis, et qu'à cette époque il y avait trente ans que l'Europe n'avait mis sur pied une aussi grande réunion de combattants.

« Le déploiement de l'armée prussienne fut très-lent, et ce ne fut que vers deux heures, quelque temps après qu'il eut été complétement achevé, qu'on la vit se rompre en colonnes d'attaque. Il semblait alors qu'elle allait engager le combat, et des cris de *vive la nation ! vive la France !* se firent entendre aussitôt dans tous les rangs de l'armée française ; mais, soit que la belle contenance des troupes ait fait pressentir au duc de Brunswick qu'il éprouverait plus de résistance qu'il ne l'avait calculé d'abord; soit, ce qui est assez probable, qu'il ait voulu attendre le corps autrichien du général Clerfayt, qui n'arriva que dans la nuit, les colonnes prussiennes se formèrent et se déployèrent trois fois successivement, sans jamais se décider à l'attaque : le combat se réduisit à une simple canonnade, qui dura toute la journée, et qui ne cessa que lorsque l'obscurité de la nuit eut rendu impossible de la continuer davantage.

« Les officiers d'artillerie évaluèrent le nombre de coups de canon tirés par les deux armées à plus de quarante mille, et les munitions du parc d'artillerie de l'armée de Kellermann furent presque épuisées.

« Tel fut le premier succès des armées françaises dans cette longue guerre, où elles recueillirent ensuite tant de lauriers. Considéré en lui-même, on peut n'y voir qu'une canonnade où chacune des armées belligérantes se maintint dans sa position ; mais l'armée prussienne manqua son but, tandis que l'armée française atteignit le sien ; et, lorsqu'on raisonne sous le point de vue stratégique, lorsqu'on considère l'époque, les circonstances, l'effet moral et politique de cette canonnade, les conséquences qu'elle a entraînées, on doit reconnaître qu'elle a bien mérité d'être considérée comme une bataille et comme une victoire. En effet, ce fut dans cette glorieuse journée que les armées étrangères commencèrent à éprouver combien la résistance d'une grande nation, qui défend son indépendance et sa liberté, peut devenir formidable. Valmy décida le roi de Prusse et le duc de Brunswick à demander immédiatement un armistice aux généraux français ; cet armistice fut bientôt suivi de l'évacuation totale du territoire français, et de l'abandon d'une entreprise dans laquelle ils s'étaient si imprudemment engagés.

« Le moment représenté dans le tableau est celui où Kellermann eut un cheval tué sous lui ; ce général, renversé par la chute de son cheval, porte un grand cordon tricolore, qui était alors celui de l'ordre de Saint-Louis, devenu la décoration militaire. L'officier général qu'on voit à sa gauche est le général Pully, qui commandait les cuirassiers et une brigade de grosse cavalerie faisant partie de la division du duc de Chartres. Derrière lui, et à pied, est le général Sénarmont, de l'artillerie, blessé à la cuisse ; sur la droite du général Kellermann est un groupe d'officiers généraux, où se trouvent le général Valence, le duc de Chartres et le duc de Montpensier, son frère, qui était alors son aide de camp[1] ; le général Schauenbourg, chef de l'état-major du général Kellermann, et plusieurs autres, et, plus

---

[1] Le duc de Montpensier se conduisit dans cette bataille de manière à mériter l'honorable témoignage que Kellermann a consigné dans la relation officielle dont voici l'extrait :

« Du quartier général de Dampierre-sur-Auve, le
« 21 septembre 1792, à neuf heures du soir.

« Embarrassé du choix, je ne citerai parmi ceux qui ont montré un
« grand courage, que M. Chartres et son aide de camp, M. Montpensier,
« dont l'extrême jeunesse rend le sang-froid, à l'un des feux les plus sou-
« tenus qu'on puisse voir, extrêmement remarquable »

(*Moniteur*, 22 septembre 1792.)

loin, les généraux Linch et Muratel, qui commandaient des brigades d'infanterie dans la division du duc de Chartres. C'est cette division qui entoure le plateau du moulin de Valmy, dont la défense lui était confiée, et qui forme le premier plan du tableau. C'est ce moulin qu'on voit sur la gauche du tableau ; l'ambulance est établie auprès de la maison du meunier. Les troupes qu'on voit se prolonger entre le moulin et le village de Gisaucourt étaient de la division du général Valence ; celles qui s'étendent depuis le moulin jusqu'à la droite du tableau étaient de la division du duc de Chartres. Le bataillon de volontaires nationaux qu'on voit en colonne auprès du moulin est le premier bataillon de Saône-et-Loire ; devant lui se trouvent le trentième (Perche), colonel de Baudre ; le quarante-quatrième (Orléans), colonel Lagrange ; le quatre-vingt-unième (Conti), colonel Dupuch ; le quatre-vingt-dixième (Chartres) ; le quatre-vingt-quatorzième (Salm-Salm), colonel Rothenbourg ; le quatre-vingt-seizième (Nassau), colonel Rewbell, etc. et enfin, le bataillon qui marche en bataille sur la droite du tableau est le premier régiment de ligne (Colonel-général) commandé par le colonel Bris de Montigny.

« L'armée française fait face vers Châlons et Paris. Devant elle sont les batteries prussiennes, derrière lesquelles on voit la cense de la Lune et toutes les lignes et les colonnes de l'armée du duc de Brunswick[1]. »

[1] *Notices historiques sur les tableaux de la galerie du Palais-Royal*, par M. Vatout, t. II, p. 484-495.

DLXXXII.

PRISE DE CHAMBÉRY. — 25 SEPTEMBRE 1792

ADOLPHE ROEHN. — 1837.

Malgré la déclaration de guerre du roi de Sardaigne, le gouvernement français ne s'était pas hâté de commencer les hostilités à la frontière de la Savoie. Ce ne fut qu'à la fin du mois de septembre que le général Montesquiou, commandant en chef l'armée du Midi, ayant réuni au fort Barreaux le peu de forces dont il pouvait disposer, se décida à entrer en campagne.

Les Piémontais avaient mis à profit le temps qu'on leur avait laissé pour construire trois redoutes qui dominaient le seul passage conduisant en Savoie; ces redoutes allaient être terminées et garnies de canons. Deux colonnes, sous les ordres du maréchal de camp Laroque, furent mises en mouvement pour tourner les positions ennemies; mais leur marche fut contrariée par le mauvais temps; l'armée du roi de Sardaigne prévint l'attaque en battant en retraite, et les trois redoutes furent occupées et détruites par les Français.

Les Piémontais évacuèrent précipitamment les châteaux des Marches, de Bellegarde, d'Aspremont, de Notre-Dame, de Mians, et, par un mouvement rapide, le général Montesquiou, se portant sur le centre de l'armée sarde, la sépara en deux corps, dont l'un se retira sur Montmélian, qui, le lendemain même, ouvrit ses portes; l'autre se replia sur Annecy. Bientôt tout fut au pouvoir des Français depuis le lac de Genève jusqu'au bord de l'Isère, et, le 25 septembre, Montesquiou fit son entrée solennelle à Chambéry.

DLXXXIII.

PRISE DE VILLEFRANCHE, ET INVASION DU COMTÉ DE NICE. 29 SEPTEMBRE 1792.

Hipp. Lecomte.

Tandis que Montesquiou, commandant en chef de l'armée du Midi, s'emparait de Chambéry, le général Anselme, chargé de l'invasion du comté de Nice, préparait sur la rive droite du Var les moyens de l'exécuter. Il rassembla d'abord tout le matériel qu'il put réunir, et bientôt, renforcé par l'arrivée de six mille hommes de gardes nationales des départements voisins, il se mit en marche et passa le Var le 29 septembre 1792. La ville de Nice fut aussitôt évacuée par les troupes piémontaises, et occupée le même jour par les Français. Montalban, dont le siège avait arrêté si longtemps le prince de Conti en 1744, se rendit sans résistance, et Villefranche capitula sans avoir été assiégée.

« Villefranche, dit Jomini, où se trouvaient les arsenaux de la faible marine sarde, ne laissait pas d'être un point important dans les circonstances ; c'était un bon mouillage de plus à une époque où l'on était encore maître de la mer ; et ces deux petites places (Villefranche et Montalban), mises en état, paraissaient susceptibles de défense: on y prit trois cents hommes et cent pièces de canon, dont la majeure partie en fer, outre des approvisionnements assez considérables[1]. »

DLXXXIV.

PRISE DE SPIRE. — 30 SEPTEMBRE 1792.

. . . .

Au commencement de la campagne, l'armée autrichienne avait formé sur le Rhin un cordon de troupes qui s'étendait de Rhinfeld à Philipsbourg. Les Français, de leur côté, avaient formé deux camps opposés aux forces ennemies.

L'armée française, sous le nom d'armée du Rhin, était divisée en deux camps : l'un, aux ordres du général Biron, était à Strasbourg; l'autre, commandé par Custine, se trouvait à Landau, et occupait les lignes de Weissembourg. Le prince d'Esterhazy occupait le Brisgau avec douze mille hommes, et le comte d'Erbach était, avec treize mille hommes, entre Mayence et Spire.

« Le comte d'Erbach, ayant reçu l'ordre de remplacer le corps du prince de Hohenlohe devant Thionville, s'était mis en marche par les défilés de Turckeim, le 11 septembre, abandonnant la garde du magasin de Spire et de toutes les communications de l'armée à mille Autrichiens et deux mille Mayençais, sous les ordres du colonel Winckelmann.

[1] *Histoire des guerres de la révolution*, t. II, p. 199.

« Le général Custine, instruit, dans son camp de Landau, du mouvement du comte d'Erbach, se porta aussitôt sur Spire. Le colonel Winckelmann voulut d'abord se mettre en bataille en avant de la ville. Bientôt sa petite troupe, écrasée par une artillerie supérieure, et sur le point d'être tournée, se dirigea vers le Rhin, où se trouvaient les embarcations nécessaires à son transport; mais les bateliers, qu'on n'avait pas eu la précaution de surveiller, s'étant enfuis sur la rive droite avec leurs barques, le colonel, enveloppé, se vit dans la dure nécessité de mettre bas les armes avec deux mille sept cents hommes. L'armée française s'empara, les jours suivants, de Worms et de Frankenthal[1]. »

DLXXXV.

LEVÉE DU SIÉGE DE LILLE. — 8 OCTOBRE 1792.

. . . .

En quittant la Flandre pour se porter rapidement à la rencontre de l'armée du duc de Brunswick, qui entrait en France par la Lorraine, le général Dumouriez avait ramassé tout ce qu'il avait trouvé de troupes disponibles; il n'avait laissé que de faibles garnisons dans les places de la frontière du Nord, dont il avait donné le commandement au général Moreton de Chabrillant. Cette belle et riche frontière restait ainsi exposée aux attaques de l'armée autrichienne, réunie dans les Pays-

[1] *Histoire des guerres de la révolution*, par Jomini, t. II, p. 150.

Bas, sous les ordres du duc Albert de Saxe-Teschen. Ce prince, après s'être emparé successivement des postes de Lannoy, Roubaix, Turcoing, et d'une grande partie du pays intermédiaire entre Douai, Valenciennes et Lille, se porta rapidement sur cette dernière place, et en forma l'investissement, le 23 septembre 1792.

« Cette ville commerçante, industrieuse, peuplée de soixante mille âmes, située sur la Deule, près du confluent de la Lys, dans une contrée riche et fertile, est la place d'armes la plus importante de toute la frontière du Nord. Son enceinte, de quatorze bastions, est entourée de la Deule, qui ajoute à sa force. La citadelle passe pour le chef-d'œuvre de Vauban[1]. »

Le général Duhoux avait pris le commandement de Lille. Sous ses ordres était le maréchal de camp Ruault, et parmi les officiers chargés de la défense de la place, se trouvait le capitaine du génie Marescot, destiné plus tard à prendre un rang si élevé dans son arme. Cependant le duc Albert, qui, à la tête de quinze mille hommes, ne pouvait prétendre à s'emparer d'une place restée imprenable pour de grands capitaines et de puissantes armées, songea à la réduire en lui faisant subir les horreurs d'un bombardement. Il établit, sur le seul point de la ville qu'il pût aborder, une batterie d'obusiers, et commença à y faire le feu le plus redoutable.

« Pendant sept jours et sept nuits le bombardement continua avec une effroyable activité : l'incendie se

---

[1] *Histoire des guerres de la révolution*, par Jomini, t. II, p. 169.

propagea; près de deux cents maisons furent brûlées, et plus de mille criblées par les projectiles; un grand nombre d'habitants, cherchant dans les caves un abri contre la bombe, y trouvèrent la mort, et furent ensevelis sous les ruines. Toutes ces calamités n'amenèrent pourtant pas la soumission à laquelle le duc Albert s'était attendu; au contraire elles animèrent d'une nouvelle ardeur depuis l'enfant jusqu'au vieillard. La garnison rivalisa avec les bourgeois; partout on travailla pour arrêter les ravages du feu et répondre en même temps à celui des Autrichiens[1]. »

L'héroïque résistance des Lillois vainquit enfin la cruelle obstination du duc Albert. Les moyens de destruction commençaient à lui manquer, et en même temps le général Labourdonnaye, arrivant de Soissons, et Beurnonville, revenant de la Champagne, marchaient à sa rencontre. Il se décida donc, le 8 au matin, à abandonner les murs de Lille, laissant derrière lui, avec le souvenir de ses inutiles cruautés, un nouvel aliment à cet ardent patriotisme qui enflammait alors la France pour la défense de son territoire.

[1] *Histoire des guerres de la révolution*, par Jomini, t. II, p. 173-174.

DLXXXVI.

REPRISE DE VERDUN. — 14 OCTOBRE 1792.

. . . .

La bataille de Valmy ayant changé la face des affaires, et le roi de Prusse s'étant décidé, quelques jours après, à commencer sa retraite, les généraux en chef Dumouriez et Kellermann partagèrent l'armée française en plusieurs corps pour se mettre à sa poursuite. Bientôt après, lorsque l'armée prussienne eut évacué la Champagne et repassé ceux des défilés de l'Argonne qui étaient tombés en son pouvoir, Dumouriez, prévoyant que l'armée autrichienne, sous les ordres du général Clerfayt, allait se porter sur les Pays-Bas autrichiens pour en disputer aux Français la conquête, détacha trente mille hommes, qui partirent à marches forcées du Chêne-Populeux pour Valenciennes, en deux colonnes, la première sous les ordres du lieutenant général Beurnonville, et la seconde sous ceux du lieutenant général duc de Chartres. Pendant que ce mouvement s'exécutait, le général Dumouriez se rendit à Paris pour y concerter avec le gouvernement ses opérations ultérieures, tandis que le général Kellermann, renforcé par les corps des généraux Valence et Arthur Dillon, était chargé de suivre l'armée du duc de Brunswick dans sa retraite, et de la contraindre à évacuer le ter ritoire français : ce qui fut heureusement et habilement terminé le 20 octobre 1792.

Le général Dillon, débouchant par les Islettes et par Clermont en Argonne, arriva devant Verdun lorsque l'armée ennemie commençait à passer la Meuse, et que son arrière-garde entrait dans la ville. Il se porta aussitôt en avant avec neuf escadrons, cinq bataillons, six pièces de douze et quatre de huit, fit mettre ses pièces en batterie sur le mont Saint-Barthélemy, qui domine la citadelle, et somma alors le commandant de livrer la place, en lui envoyant son aide de camp suivi d'un trompette.

On suspendit les hostilités; la place fut remise, à la condition qu'il serait accordé trois jours à l'armée prussienne pour achever d'évacuer la place et de faire transporter les malades sur des voitures du pays. Le 14 octobre le général Dillon entra dans la ville à la tête de ses troupes, et en reprit possession pour la France.

DLXXXVII.

LEVÉE DU SIÉGE DE THIONVILLE. — 16 OCTOBRE 1792.

. . . .

En même temps que le roi de Prusse, au début de la campagne, s'était emparé de Verdun, le général autrichien Clerfayt avait bombardé et pris Longwy, et le prince de Hohenlohe-Kirchberg était allé mettre le siége devant Thionville. « On avait espéré, dit Jomini[1],

[1] *Histoire des guerres de la révolution*, t. II, p. 117.

que cette place ne tiendrait pas longtemps. Mais le général Félix de Wimpfen, qui y commandait, avait eu le temps de faire de bonnes dispositions ; il ripostait non-seulement avec vivacité aux diverses attaques, mais encore il faisait des sorties. Les approvisionnements du siége étant épuisés, une partie du corps du prince de Hohenlohe se retira ; on ne laissa devant la place qu'un faible détachement aux ordres du général Wallis, en attendant celui du comte d'Erbach, qui reçut ordre de venir de Spire pour former un blocus plus resserré. »

Le général Wimpfen, assiégé de nouveau par les troupes autrichiennes sous les ordres du comte d'Erbach, fut bientôt cerné de tous côtés, et se trouva dans la position la plus critique. Il fit une vigoureuse résistance. « Le 16 septembre [1] les assiégés font une sortie, tombent sur les travailleurs, les égorgent, et, protégés par l'artillerie des remparts, ils pénètrent dans le camp ennemi, y font un grand carnage, et forcent les Autrichiens à renoncer, pour cette fois, à l'attaque qu'ils projetaient. Cette sortie, à laquelle ils étaient loin de s'attendre, leur coûta quatre cent cinquante hommes, et le prince de Waldeck, qui combattit avec un grand courage, eut un bras emporté par un boulet de canon. »

Le siége de Thionville, commencé le 25 août, fut levé le 16 octobre.

[1] *Victoires et conquêtes*, t. I, p. 60.

DLXXXVIII.

REPRISE DE LONGWY. — 20 OCTOBRE 1792.

. . . .

Après la reddition de Verdun, Longwy était la dernière place de France qui restât encore au pouvoir des coalisés. Le général Kellermann vint prendre position en vue de cette place à Cosne, le 20 octobre, sur les hauteurs de Rouvroy et de Longuyon. Il la fit sommer de se rendre : les deux bataillons prussiens qui l'occupaient encore s'étant retirés, le général Kellermann fit alors son entrée dans la ville de Longwy à la tête de ses troupes.

DLXXXIX.

ENTRÉE DE L'ARMÉE FRANÇAISE A MAYENCE. — 21 OCTOBRE 1792.

VICTOR ADAM. — 1837.

« Après la prise de Spire, le général Custine se porta aussitôt sur Mayence, dans la nuit du 14 au 15 octobre. Il marcha le 19 octobre, à la tête d'un fort détachement de cavalerie, sur Weissenau, au-dessus de Mayence. Il fut bientôt suivi par le reste de l'armée, qui compléta l'investissement sur la rive gauche du Rhin, en occupant Hechsheim, Marienborn, Genenheim et Monbach. Custine, parcourant le front de sa position, ordonna plusieurs mouvements, dont le but était d'en imposer à l'ennemi sur le nombre de ses troupes. »

Arrivé devant Mayence, il envoya son aide de camp, le colonel, depuis général en chef, Houchard, sommer la ville de se rendre. Le commandant, qui n'avait qu'une faible garnison sous ses ordres, fit d'abord semblant de vouloir se défendre; mais, sommé de nouveau « après deux conseils de guerre, le baron de Gimnich se décide à capituler, et le 21 octobre la garnison sort de la place avec les honneurs de la guerre et la promesse de ne pas servir pendant un an contre la France [1]. »

DXC.

PRISE DE FRANCFORT-SUR-LE-MEIN. — 23 OCTOBRE 1792.

. . . .

Custine, maître de Mayence, résolut aussitôt de porter ses armes contre la ville libre de Francfort-sur-le-Mein.

Il dirigea deux corps de troupes, commandés par les généraux Neuwinger et Houchard, sur les deux rives du fleuve. A l'arrivée des Français, les magistrats firent lever les ponts-levis et parurent vouloir se défendre; mais le général Neuwinger ayant fait diriger ses canons sur la porte de Sachsenhausen, les habitants s'empressèrent d'ouvrir leurs portes. On prit aussitôt possession de la ville, et Custine y laissa une garnison.

[1] *Victoires et conquêtes*, t. I, p. 65.

DXCI.

PRISE DE KŒNIGSTEIN (DUCHÉ DE NASSAU, ALORS ÉLECTORAT DE MAYENCE). — 26 OCTOBRE 1792.

. . . .

Le 26 octobre le général Custine s'empara de Kœnigstein, petite place assez forte, située à peu de distance et au nord de Francfort-sur-le-Mein. Elle appartenait alors à l'électeur de Mayence, et fait aujourd'hui partie du duché de Nassau. Le général Meunier, auquel la défense en fut confiée, y soutint, en 1793, un siége de trois semaines, et la garnison française en sortit avec les honneurs de la guerre, sans être prisonnière.

DXCII.

COMBAT DE BOUSSU. — 3 NOVEMBRE 1792.

. . . .

L'armée française, commandée par Dumouriez, était campée près de Quiévrain, derrière la Ronelle, sur le territoire français, mais son avant-garde occupait plusieurs villages sur le territoire alors autrichien et aujourd'hui belge. On se décida, assez imprudemment, à étendre ces cantonnements, et le 2 novembre 1792 le village de Thulin, qui était à quelque distance sur la gauche, fut occupé par deux ou trois bataillons belges au service de France, et composés en grande partie de déserteurs autrichiens. Le général Staray, qui commandait l'avant-garde autrichienne à Boussu, les y attaqua le lendemain avec de l'artillerie. Ils n'en avaient pas, et furent fort maltraités. Dumouriez résolut de venger cet affront, et dès le lendemain, 3 novembre, il se mit à la tête de son avant-garde, et la renforça d'une partie de la division du duc de Chartres, qui, débouchant par Quévrechin, devait opérer sur la droite de la chaussée, tandis que, sur la gauche, le village de Thulin devait être attaqué et repris, ce qui fut fait. Le duc de Chartres n'éprouvant point d'obstacles dans sa marche, la continua en se dirigeant sur le moulin de Boussu, où les Autrichiens avaient une batterie retranchée, qui salua l'approche des troupes françaises d'un feu assez vif : cependant ce feu n'arrêta point leur marche. La colline fut gravie rapidement, et les Autrichiens se retirèrent à la hâte, en emmenant leurs pièces par le bois qui est derrière le moulin, où ils avaient fait des abatis qui furent à peine défendus.

Tandis que le duc de Chartres s'avançait ainsi sur la droite, Dumouriez, avec les généraux Beurnonville, Dampierre, Stengel et Henri de Frégeville, délogeait les Autrichiens de poste en poste, au centre et sur la gauche, et poussait le soir même ses avant-postes jusqu'à Saint-Ghislain, après s'être emparé du bourg de Boussu.

Dumouriez établit son quartier général dans l'auberge du Grand-Cerf, d'où le général Staray était parti depuis si peu de temps, que son souper allait être servi.

En s'asseyant à la table qu'on avait préparée pour lui, Dumouriez dit à ses généraux et à son état-major : « Cette journée est si belle qu'elle doit mettre un terme à toutes les incertitudes. Que toute l'armée se mette en mouvement demain à la pointe du jour, et dans deux jours nous livrerons bataille à l'armée autrichienne sur les hauteurs de Mons, et nous la gagnerons. »

En effet cette bataille fut livrée et gagnée. C'est la bataille de Jemmapes.

DXCIII.

BATAILLE DE JEMMAPES. — 6 NOVEMBRE 1792.

Henri Scheffer (d'après H. Vernet). — 1835.

Lorsque l'armée du duc de Brunswick se retirait de la Champagne, Dumouriez avait prévu, avec la justesse ordinaire de son coup d'œil, que le corps autrichien de trente mille hommes qui en faisait partie, sous les ordres du général Clerfayt, se porterait rapidement sur Namur, Mons et Tournay, pour couvrir et défendre la Belgique. Ce qu'il avait prévu s'était accompli. Les deux colonnes de troupes françaises qu'il avait dirigées sur la Flandre, pendant son voyage à Paris, étaient parties du Chêne-Populeux le 10 et le 12 octobre : la première, sous les ordres du lieutenant général Beurnonville; la seconde, sous ceux du lieutenant général duc de Chartres. Ces deux divisions, retardées dans leur marche par l'état des chemins, par le mauvais temps et surtout par le parc d'artillerie qu'elles amenaient avec elles, arrivèrent le

26 octobre, sous les murs de Valenciennes, presque en même temps que le général Clerfayt faisait entrer ses troupes dans Mons et dans Tournay.

Le général Dumouriez, en arrivant de Paris à Valenciennes, éprouva de grandes difficultés pour mettre son armée en état d'entreprendre la conquête de la Belgique; car cette armée manquait de tout, et principalement d'habillements et de chaussures. Les manufactures de Sedan fournirent des draps dont on fit des capotes de diverses couleurs, et des réquisitions, faites de plusieurs côtés, procurèrent un certain nombre de souliers. Mais la difficulté principale était le manque de numéraire; il n'y avait que des assignats, qui perdaient déjà beaucoup, et comme, aux termes des décrets alors en vigueur, ce n'était qu'en France qu'on pouvait payer l'armée en assignats, et qu'on était obligé de la payer en numéraire, ainsi que toutes ses fournitures, aussitôt qu'elle passait la frontière, le général Dumouriez se trouvait dans le plus grand embarras pour mettre son armée en mouvement et entrer en Belgique, où, de leur côté, les Autrichiens profitaient de chaque jour de retard pour ajouter à leurs retranchements et à leurs moyens de défense.

« Après avoir subvenu aux divers besoins des places fortes et du petit corps d'armée réuni à Lille, sous les ordres du général Labourdonnaye, le général Dumouriez organisa l'armée qui devait agir sous ses ordres immédiats. Cette armée se composait de quarante-huit bataillons d'infanterie, dont environ le tiers était d'anciennes troupes de ligne, et les autres, des volontaires nationaux de nouvelle levée. Pour les amalgamer le mieux possible, le général Dumouriez avait réglé son ordre de bataille de manière que chaque bataillon de ligne était placé au centre des deux bataillons de volontaires avec lesquels il était embrigadé, ce qui fut l'origine des *demi-brigades*, devenues depuis si célèbres.

« Il n'y avait d'autre cavalerie dans cette armée que des hussards et des chasseurs à cheval, qui formaient l'avant-garde avec quelques bataillons d'infanterie légère, sous les ordres des généraux Beurnonville et Dampierre ; plus, deux petits corps de flanqueurs de droite et de gauche, commandés par les généraux Stengel et Henri Frégeville. Le général Dumouriez partagea son corps d'armée en deux ailes, de vingt-quatre bataillons chacune. La droite était sous les ordres du duc de Chartres, qui la commandait comme lieutenant général, ayant sous lui les maréchaux de camp Desforêts, Drouet et Stetenhoff. La gauche devait être sous les ordres du lieutenant général Miranda et des maréchaux de camp Ferrand, Blottefière et Berneron ; mais le général Miranda n'étant pas encore revenu de Paris, le commandement de l'aile gauche fut dévolu au général Ferrand, qui était le plus ancien. Ces différents corps formaient un total d'environ vingt-sept mille hommes, non compris la division du lieutenant général d'Harville, campée sous Maubeuge, et forte de six mille hommes, mais qui n'arriva qu'après le gain de la bataille.

« Un petit combat, peut-être imprudemment engagé

le 2 novembre 1792, près le village de Thulin, décida le général Dumouriez à renforcer son avant-garde d'une partie de la division du duc de Chartres, qui, opérant sur la droite, attaqua l'ennemi le 3, emporta le moulin de Boussu avec la batterie qui le défendait, tandis que les généraux Beurnonville, Dampierre, Stengel et Frégeville, délogeaient les Autrichiens de poste en poste, et les repoussaient jusqu'à Saint-Ghislain.

« Ce succès décida le général Dumouriez à ne pas différer davantage l'attaque générale sur la position de l'armée autrichienne devant Mons. L'armée française reçut le soir même l'ordre de se mettre en mouvement le lendemain, 4 novembre, à la pointe du jour. La journée du 4 et celle du 5 furent employées à se porter en avant; cette marche fut pénible et laborieuse, surtout pour l'artillerie, les Autrichiens ayant pris la précaution de dépaver la chaussée et de couvrir la route des pavés isolés, en sorte qu'on fut obligé de marcher par la plaine, coupée par de nombreux fossés, et détrempée par les pluies; et telle était l'ardeur des troupes, qu'indépendamment de vingt chevaux sur les pièces de gros calibre, les soldats s'y attelaient eux-mêmes pour les retirer du bourbier. Cependant, dans la soirée du 5, l'armée était au bivouac devant les hauteurs de Jemmapes.

« Le général Dumouriez avait fixé l'heure de l'attaque à midi, afin de donner à la division du général d'Harville le temps d'arriver de Maubeuge pour agir sur la droite de l'armée; mais après une canonnade de trois heures, voyant que le régiment autrichien des dragons de Cobourg descendait au grand trot et paraissait se diriger sur notre artillerie, le général Dumouriez résolut de ne pas attendre le général d'Harville, et donna l'ordre à toute l'armée d'attaquer immédiatement. Aussitôt le duc de Chartres, qui commandait le centre, rompit sa division en colonnes de bataillons et marcha sur le bois de Flénu, qui couvrait le centre des Autrichiens. Il mit six de ses bataillons en réserve, et avec les dix-huit autres il culbuta l'infanterie légère autrichienne qui défendait les abatis, traversa le bois et arriva sur le plateau. Mais l'infanterie autrichienne, soutenue par l'artillerie des redoutes qui tirait à mitraille, fit un tel ravage dans la tête des colonnes, qu'il devint impossible de les faire déboucher : elles rentrèrent dans le bois et le traversèrent rapidement dans le plus grand désordre. C'est là que furent frappés le colonel Dubouzet, du 104° régiment de ligne, qui fut tué sur la place; le général Drouet, qui eut les deux jambes emportées et mourut peu d'heures après; les colonels Dupont de Chaumont et Gustave de Monjoye, adjudants généraux, qui reçurent des coups de feu. Tout était perdu si les Autrichiens avaient su profiter de cet avantage momentané; mais leur infanterie resta immobile, et ils se contentèrent de lancer quelques hussards et quelques chasseurs à pied, qui ne parvinrent point à traverser le bois; en sorte que, tandis qu'ils étaient contenus par la résistance des deux bataillons du 83° (Foix), commandés par le colonel Champollon et le lieutenant-colonel Villars; du 98° (Bouillon), colonel Leclerc; du 29ᵉ (Dauphin), colonel Laroque, et de quelques autres, le duc de Chartres, formant derrière le bois une chaîne de chasseurs à cheval du troisième régiment, pour arrêter les fuyards, parvint enfin à les rallier. Ce fut alors que, leur adressant quelques-unes de ces paroles si puissantes sur le cœur du soldat, il fit succéder l'enthousiasme à la terreur. Les bataillons s'étaient mêlés; il en fit une colonne à laquelle il donna le nom de *bataillon de Mons*, y plaça les cinq drapeaux qu'il tenait dans ses bras, et dont les bataillons étaient dispersés; puis, renforcé des six bataillons qu'il avait mis en réserve à l'entrée du bois, il fit de nouveau battre la charge, et ces mêmes soldats, que la frayeur venait d'emporter un moment loin du champ d'honneur, attaquèrent avec intrépidité l'infanterie autrichienne qui remplissait l'intervalle des redoutes, y pénétrèrent la baïonnette en avant, et s'emparèrent d'une partie de l'artillerie ennemie, que la cavalerie autrichienne s'efforçait vainement de faire rentrer dans Mons. De ce moment la victoire n'est plus douteuse; les prodiges de valeur se multiplient dans nos rangs. A l'aile gauche, le colonel Thouvenot et le général Ferrand, qui eut un cheval tué sous lui; à l'aile droite, Beurnonville et Dampierre, à la tête du 19ᵉ (Flandre), colonel Desponchez, et lieutenant-colonel d'Armenonville; du 71ᵉ (Vivarais), colonel de Bannes, et des bataillons de Paris; Dumouriez, qui charge lui-même à la tête d'un escadron; partout enfin, les soldats français prodiguent leur sang et leur courage. L'ennemi, chassé de toutes les positions, abandonne enfin le champ de Jemmapes, en le laissant couvert de ses morts et de ses canons. »

« Le tableau d'Horace Vernet est une représentation fidèle de cette mémorable victoire; le paysage, peint d'après nature, est d'une parfaite exactitude. La houillère ou fosse de charbon de terre qui est incendiée, dans le coin droit du tableau, est celle du village de Frameries, devant lequel le spectateur est placé. On voit dans le fond la ville de Mons, le village de Cuesme et le village de Quarégnon sur la gauche. Le village de Jemmapes, qui a donné son nom à la bataille, est situé entre Cuesme et Quarégnon; mais on ne l'aperçoit pas, parce qu'il est masqué par la colline sur laquelle l'armée autrichienne était retranchée. Le général Dumouriez, suivi de quelques officiers de l'état-major et d'un groupe d'ordonnances, est sur le premier plan. Il est arrêté dans son mouvement par la rencontre de quelques prisonniers autrichiens qu'on lui présente, et surtout par l'aspect du général Drouet, blessé, que des soldats portent à l'ambulance.

« Parmi les officiers qui suivent le général Dumouriez, on remarque le maréchal Macdonald, qui était alors un de ses aides de camp, et auquel la victoire devait donner un titre dans les champs de l'Italie; le général Belliard, qui était officier d'état-major, et que la gloire a tant de fois retrouvé sous nos étendards; le duc de Montpensier, qui était lieutenant-colonel adjudant général, et qui, du champ de bataille où il avait servi la patrie, devait passer dans les cachots de Mar scille, dont il a laissé une peinture si touchante et quelquefois si énergique. Près du chirurgien qui rend compte au général Dumouriez de la blessure du général Drouet, un jeune guerrier attire l'attention par l'élégance de son uniforme et la grâce de sa figure : la douceur de ses regards, la délicatesse de ses traits révèlent une autre Clorinde ; c'est la jeune Fernig, entraînée aux combats par l'enthousiasme de la liberté [1]. »

« On voit, sur un plan plus éloigné, l'attaque de la gauche de l'armée autrichienne par l'avant-garde française, sous les ordres du lieutenant général Beurnonville et du maréchal de camp Dampierre. Les dragons de Cobourg, après avoir été repoussés par l'infanterie française, sont chargés par le premier régiment de hussards (Berchiny), qui prit la redoute qu'on voit devant lui.

« On aperçoit dans le lointain la division du duc de Chartres, attaquant le bois de Flénu, et plus loin encore, quelques bataillons de celle du général Ferrand, se portant sur l'extrême droite des Autrichiens.

« On se demande pourquoi le peintre a placé sur un point aussi éloigné le prince qui a contribué à cet important succès. Un fait l'explique : c'est que le tableau de la bataille où se signala le jeune duc de Chartres a

---

[1] On voit aussi derrière elle, à cheval, son père, qui l'accompagna à Jemmapes. Il demeurait à Mortagne, et là, harcelé tous les jours par les maraudeurs autrichiens, il avait appris à ses filles à faire le coup de fusil. Lors de la formation du camp de Maulde, deux d'entre elles s'attachèrent à la fortune de Dumouriez. La troisième, qui est aujourd'hui la femme du général Guilleminot, était seule restée dans la maison paternelle.

été commandé par le duc d'Orléans. On doit aussi regretter que, dans cette magnifique composition, M. Horace Vernet n'ait pas eu la faculté de faire ressortir les traits d'une foule de nos guerriers qui, confondus dans les rangs à Jemmapes, ont pris bientôt après un si brillant essor vers les honneurs militaires, et dont la victoire a inscrit les noms sur les murs de toutes les capitales de l'Europe. Là étaient Davoust, depuis maréchal, prince d'Eckmühl; Mortier, duc de Trévise; Moreau, Serrurier, Jourdan, Augereau, Maison, Gérard, et ce général Foy, qui a laissé de si beaux souvenirs à la France[1]. »

DXCIV.
ENTRÉE DE L'ARMÉE FRANÇAISE A MONS. — 7 NOVEMBRE 1792.
BELLANGÉ. — 1836.

Lorsqu'après avoir chassé l'armée autrichienne des hauteurs de Jemmapes, l'armée française découvrit la ville de Mons, qui se présentait devant elle, un cri général retentit aussitôt dans tous les rangs pour demander l'assaut : Dumouriez se crut obligé de résister à cette noble ardeur, et il eut raison, car l'assaut n'aurait eu aucune chance de succès. Cependant il fit sommer la place dans la soirée, et dans la nuit les Autrichiens l'évacuèrent entièrement. Le lendemain, 7 novembre, il se mit à la tête de quelques bataillons d'infanterie de

---

[1] *Notices sur les tableaux du Palais-Royal*, par M. Vatout, t. IV, p. 322-330.

la division du duc de Chartres, et se dirigea sur la porte de la ville, où une foule immense s'était réunie. Le général Dumouriez y fut reçu par le corps municipal, en ancien costume flamand, qui lui présenta les clefs sur un plat d'argent, en déclarant que la ville de Mons se mettait sous la protection de l'armée française. Derrière eux et sur deux files se trouvaient les capucins, les récollets et les communautés religieuses de la ville, qui réclamèrent également la protection du général en chef. Après quoi les troupes entrèrent dans la ville au milieu des acclamations des habitants.

DXCV.

COMBAT D'ANDERLECHT. — 13 NOVEMBRE 1792.

BELLANGÉ. — 1836.

La victoire de Jemmapes avait décidé la conquête de la Belgique. Les villes ouvraient leurs portes sans résistance, et l'armée autrichienne ne songeait plus qu'à se retirer de l'autre côté de la Meuse, et même derrière la Roer. Cependant, toutes les fois que l'avant-garde française cherchait à entamer l'arrière-garde des Autrichiens, il s'engageait des combats plus ou moins vifs. Celui d'Anderlecht, près de Bruxelles, fut de ce nombre. Le village de Saint-Peters Woluve, sur la grande route, opposa une résistance qui ne fut surmontée que lorsque Dumouriez eut fait avancer une partie des divisions du duc de Chartres et du général d'Harville, pour renforcer son avant-garde, que ce jour-là il commandait en personne. Après que le village de Saint-Peters Woluve eut été enlevé par les troupes françaises, celui d'Anderlecht fut encore défendu par les Autrichiens, qui ne rentrèrent à Bruxelles qu'à la nuit. Alors le maréchal Bender envoya un trompette au général Dumouriez, pour lui demander que les troupes françaises n'entrassent dans Bruxelles que quand il ferait jour, ce qui fut accordé; et le lendemain, 14 novembre, l'armée française y fit son entrée solennelle.

DXCVI.

COMBAT DE VAROUX. — 27 NOVEMBRE 1792.

Victor Adam. — 1837.

Le 27 novembre, à sept heures du matin, le général Dumouriez attaqua l'arrière-garde des Autrichiens commandée par le général Staray, qui devait couvrir Liége avec douze mille hommes. « Je n'en avais pas autant pendant une partie de la journée, dit le général Dumouriez dans sa relation officielle; mais lorsque l'armée nationale que je commande s'est déployée, l'ennemi a été successivement forcé à Rocoux, à Varoux, dans six villages et dans tous les retranchements. Le général Staray a été, dit-on, grièvement blessé. La brièveté du jour et la prudence m'ont empêché d'entrer le soir même dans la ville de Liége; j'y suis depuis neuf heures du matin, et il m'est impossible de peindre l'ivresse de ce brave peuple et l'accueil qu'il a fait à nos troupes[1]. »

DXCVII.

ENTRÉE DE L'ARMÉE FRANÇAISE A LIÉGE. — 28 NOVEMBRE 1792.

. . . .

« Les Français entrèrent à Liége le 28 et y furent reçus avec acclamations[2]. »

DXCVIII.

SIÉGE ET PRISE D'ANVERS. — 29 NOVEMBRE 1792.

PHILIPPOTEAUX. — 1837.

Pendant les opérations militaires dont l'est de la Belgique était le théâtre, le corps commandé par le général Labourdonnaye avait reçu l'ordre de traverser la partie occidentale pour aller former le siége d'Anvers. Labourdonnaye envoya d'abord en avant les généraux Lamarlière et Champmorin, à la tête de l'avant-garde et de trois mille gendarmes. Ces deux généraux arrivèrent le 28 novembre, à quelques heures de distance, le premier par la rive droite et le deuxième par la rive gauche de l'Escaut. Le général Lamarlière, qui se trouva le premier au rendez-vous, fit prévenir de suite les magistrats d'Anvers de la présence des Français devant leur ville. A cette époque, la presque totalité des Belges, fatigués du joug autrichien, regardaient les Français

[1] Extrait du Moniteur.
[2] *Histoire des guerres de la révolution*, par Jomini, t. II, p. 243.

comme des libérateurs, et les habitants d'Anvers le prouvèrent dans cette circonstance, en ouvrant leurs portes au général Lamarlière, et le recevant avec empressement dans leur ville. Les Autrichiens s'étaient déjà renfermés dans la citadelle, et paraissaient décidés à opposer une forte résistance.

« Le général Labourdonnaye arriva bientôt lui-même avec le reste de ses troupes, formant à peu près douze mille hommes; mais il fut bientôt remplacé dans son commandement par le général Miranda. Les travaux de siége devaient être dirigés par les officiers du génie Dejean et Marescot. L'artillerie était commandée par le capitaine Sénarmont, sous les ordres du général Guiscard. Les travaux offraient de grandes difficultés. L'armée de siége n'était pas familiarisée avec ce genre d'exercice. La pénurie des ingénieurs était telle, qu'on fut obligé de prendre des officiers d'infanterie pour diriger les travailleurs. Le sol, d'ailleurs, se refusait à ce qu'on donnât aux tranchées la profondeur nécessaire; on ne pouvait creuser à plus de deux pieds sans trouver l'eau, et on fut obligé de racheter sur la largeur le déblai destiné à former les parapets. Cependant l'ardeur des soldats français surmonta ces obstacles; les ouvrages se trouvèrent terminés le 28 novembre. Les batteries commencèrent aussitôt à faire jouer leur feu. Par un hasard singulier, le premier boulet lancé emporta la table du gouverneur, au moment où ce dernier allait s'y placer pour dîner. Les assiégés inquiétaient et troublaient les travaux par un feu continuel; mais celui des

Français fut si bien nourri et si bien dirigé, qu'au bout de quelques heures il alluma un violent incendie dans la citadelle. Deux corps de casernes et la moitié de l'arsenal devinrent la proie des flammes. Le gouverneur de la place, effrayé de ces ravages, envoya le capitaine Devaux demander une capitulation. Elle fut conclue le lendemain 29, et le même jour la garnison, forte de onze cents hommes, sortit de la place avec les honneurs de la guerre et la permission de se retirer au quartier général du duc de Saxe-Teschen. Cent deux canons, soixante-sept obusiers, treize cents fusils et d'abondantes munitions de guerre de tout genre, tombèrent entre les mains des Français [1]. »

DXCIX.

SIÉGE DE NAMUR. — NOVEMBRE 1792.

INVESTISSEMENT DE LA PLACE.

. . . .

DC.

SIÉGE ET PRISE DES CHATEAUX DE NAMUR. — 2 DÉCEMBRE 1792.

BOULANGER. — 1837.

« Les deux généraux autrichiens Schroeder et Beaulieu s'étant retirés après le combat de Bois-d'Asche, Valence, dès le lendemain, 19 novembre, s'approcha de Namur pour en former le siége. Quelques volées de canon suf-

---

[1] *Victoires et conquêtes*, t. I, p. 81.

firent pour engager les habitants à ouvrir leurs portes. La garnison autrichienne, forte de six mille hommes, se jette dans la citadelle, décidée à s'y défendre courageusement. Cependant, le 20 novembre, Valence la fait sommer de se rendre; mais son commandant, Moitelle, répond qu'il connaît son devoir, et qu'il saura garder la forteresse qui lui est confiée. Valence n'avait point avec lui d'artillerie de siége : il est obligé d'en faire venir ; elle n'arrive qu'à force de bras à travers les montagnes. Les batteries sont dressées et foudroient la place avec une infatigable activité. Secondé par la valeur des soldats qu'il commande, le général donne plusieurs assauts, et parvient à s'emparer des forts le Camus et la Cassate. De leur côté, les Autrichiens faisaient un feu terrible ; mais, malgré les décharges multipliées de la redoutable artillerie qui garnissait les remparts, les travaux de siége furent poussés avec tant de vigueur, que, le 29 novembre, la tranchée était ouverte, et déjà les boulets et les bombes écrasaient la citadelle. On savait que le fort Villate, qui défend le château, avait sous ses glacis des fourneaux préparés, en cas d'attaque de vive force, pour faire sauter les assiégeants. Le général Leveneur, qui commandait sous les ordres de Valence, conçoit le projet hardi de s'en emparer en surprenant la garnison et tournant le fort par sa gorge. Entre cette gorge et la citadelle il y avait une caponnière au chemin de communication, garnie de palissades et de parapets, à travers lesquels on arrive au fort par deux voûtes, dont une seule était gardée. A minuit, le 30 novembre, le général Leveneur sort de la tranchée, à la tête de mille deux cents hommes déterminés ; conduits par un déserteur autrichien, les Français franchissent les palissades dans le plus grand silence ; ils marchent à la première voûte, qui se trouve en effet déserte. A la seconde les sentinelles crient et font feu. Au même instant Leveneur, qui ne pouvait franchir la palissade, dit à un officier très-grand et très-fort, qui se trouvait à côté de lui : « Jetez-moi par-dessus. » L'officier le lance, en effet, de l'autre côté de la barrière et s'y précipite après lui ; plusieurs grenadiers s'empressent d'imiter leur général. Leveneur atteint le commandant du poste, qui cherchait à rassembler son monde : « Conduis-moi à tes mines, » lui crie-t-il d'une voix terrible et en lui appuyant son épée sur la poitrine. L'Autrichien hésite et balbutie quelques mots ; Leveneur lui répète son ordre en le pressant davantage : l'officier se décide à marcher. Le général arrache lui-même les mèches, les éteint et s'empare du fort Villate.

« Pendant cette action intrépide, le feu de la ligne assiégeante redoublait ; vingt-quatre canons, placés en batterie, produisent un effet si meurtrier, que le commandant Moitelle, désespérant de pouvoir se défendre plus longtemps, demande à se rendre ; et le 2 décembre il conclut avec le général français une capitulation par laquelle il est convenu que la garnison tout entière sortira avec les honneurs de la guerre, mais restera prisonnière, et sera dirigée dans l'intérieur de la France. Deux bataillons du superbe régiment autrichien de Kinsky et un de celui de Vierzet en faisaient partie. Valence s'empressa d'envoyer à la Convention les huit drapeaux déposés sur les glacis de Namur. Ils furent les premiers dont on fit hommage au gouvernement républicain[1]. »

DCI.

PRISE DE BREDA. — 24 FÉVRIER 1793.

HIPP. LECOMTE. — 1837.

La guerre ayant été déclarée à l'Angleterre, le 1ᵉʳ février 1793, par le gouvernement français, il fut aussitôt arrêté que la neutralité de la Hollande cesserait d'être respectée. On savait que le gouvernement britannique ne manquerait pas de s'appuyer sur cette république, son alliée, et on résolut de le prévenir. Le siége de Maëstricht fut décidé, en même temps qu'une invasion au cœur de la Hollande. Dumouriez, qui avait conçu ce plan, fut chargé de l'exécuter. Le moment était pressant : la coalition qui venait de se former contre la France était la plus formidable qu'elle eût jamais eue à combattre. Il ne restait de puissances neutres que la Suède, le Danemarck, la Porte Ottomane, la Suisse et les républiques de Venise et de Gênes. La France allait donc être attaquée à la fois au midi, par les armées espagnoles et portugaises; sur les Alpes, par celles de l'Autriche et des puissances italiennes; et sur toute la frontière, depuis Huningue jusqu'à la mer, par

---

[1] *Victoires et conquêtes*, t. 1, p. 83.

les armées autrichiennes, prussiennes, anglaises, hollandaises, réunies à toutes les forces de l'empire germanique. La Russie n'envoyait pas encore ses soldats ; mais elle était entrée dans la coalition, et devait prendre part à la guerre, si ses secours devenaient nécessaires. Ce n'était pas trop de toute la puissance et de tout le courage de la France pour tenir tête à tant et de si redoutables ennemis.

Toutes les forces françaises dans la Belgique étaient alors en cantonnements sur la Meuse et derrière la Roer. Le général Miranda fut chargé du siége de Maëstricht, avec les divisions du duc de Chartres sur la rive gauche, et du général Leveneur sur la rive droite de la Meuse, tandis que les généraux Valence et Lanoue étaient chargés de le couvrir.

Dumouriez devait commander en personne les opérations contre la Hollande. Il arriva le 10 février 1793 à Anvers. Il n'y trouva aucune des ressources qui lui étaient nécessaires : ni artillerie, ni munitions, ni magasins, rien enfin de ce que réclament les besoins d'une armée. Le corps de troupes qu'il parvint à y réunir était à peine de quinze mille hommes. Cependant il n'hésita pas à se porter en avant, et ce fut avec cette faible armée qu'il alla audacieusement attaquer Breda, et qu'il en commença le bombardement. Tel était le dénûment de sa petite armée, que le 24 février, à la pointe du jour, le général d'Arçon, qui dirigeait le siége, vint l'avertir que, si on ne ralentissait pas le feu, il manquerait de munitions à *deux heures.* « Tirez toujours, lui répondit Dumouriez, et surtout ne diminuez pas le feu, car ce serait avertir les Hollandais que nous allons être obligés de le cesser. » Cette résolution eut un plein succès. A onze heures, le général hollandais, comte de Byland, envoya un parlementaire pour demander à capituler. Aussitôt Dumouriez donna pompeusement l'ordre de cesser le feu; la capitulation fut signée; à *deux heures* les grenadiers français prenaient possession des portes de la ville. Breda était pris, et Dumouriez y trouvait une artillerie immense, un arsenal bien approvisionné, et les moyens de continuer la grande entreprise qu'il avait commencée avec tant de courage et de résolution.

DCII.

PRISE DE GERTRUYDENBERG. — 5 MARS 1793.

Hipp. Lecomte. — 1837.

Après la prise de Breda et de Klundert, le général Dumouriez se porta sur Gertruydenberg pour en faire le siége. Cette ville importante, dont il voulait faire une place d'armes qui protégeât son passage du Moërdyk, était dans le meilleur état de défense. Outre la forte garnison qu'elle renfermait, elle était hérissée de forts avancés, et entourée d'une multitude d'inondations, qui ne laissaient, pour arriver au corps de la place, que des digues enfilées par les feux de ses batteries. Cependant l'attaque fut conduite avec tant de vigueur, que, le lendemain de l'investissement, le fort de Steelinve, qui n'était accessible que par une seule digue, et dont les inondations couvraient les approches, tomba au pouvoir des Français.

Dumouriez s'empara ensuite du fort Donk, et battait en brèche celui de Spuy, situé sur la gauche de la place, lorsque, le 5 mars, le gouverneur hollandais demanda à capituler, et Gertruydenberg se rendit aux mêmes conditions que Breda.

Le général Dumouriez, outre des munitions considérables, trouva dans Gertruydenberg une marine qui aurait été suffisante pour opérer le passage du Moërdyk.

DCIII.

COMBAT DE TIRLEMONT ET DE GOIZENHOVEN. — 16 MARS 1793.

Jour. — 1836.

Le 1ᵉʳ mars 1793 l'armée autrichienne, sous les ordres du feld-maréchal prince de Saxe-Cobourg, s'était mise en marche sur trois colonnes et avait passé la Roer. Contraintes de se retirer devant des forces supérieures, les troupes françaises s'étaient repliées sur la Meuse; la ville d'Aix-la-Chapelle avait été évacuée; le siége de Maëstricht avait été abandonné. Liége était retombée au pouvoir de l'armée impériale. Les revers que les Français venaient d'éprouver réclamaient la présence du général en chef, et Dumouriez, ayant remis au général Deflers le commandement du corps d'armée qui occupait Breda et Gertruydenberg, partit à la hâte pour

Bruxelles, et le 12 mars il rejoignit à Louvain la grande armée française qui s'y trouvait sous les ordres des généraux Valence et Miranda. Ces deux chefs, se regardant comme indépendants l'un de l'autre, étaient peu d'accord entre eux, et le retour du général Dumouriez était d'autant plus nécessaire, que les troupes commençaient à tomber dans le découragement. Sa présence ranima tout, et lorsqu'il annonça à l'armée qu'elle allait reprendre l'offensive, cette nouvelle fut accueillie avec acclamations. En effet, ayant appris le 15 mars par les rapports de son avant-garde, qui était à Cumptich sous les ordres du général Lamarche, que la grande armée autrichienne marchait sur lui, et que son avant-garde venait de s'emparer de Tirlemont, il résolut de la prévenir, et, faisant battre la générale le 15, à neuf heures du soir, il mit l'armée en mouvement. Elle marcha toute la nuit en plusieurs colonnes, et le lendemain 16 mars, à la pointe du jour, le général Dumouriez attaqua Tirlemont. Les Autrichiens s'y défendirent vigoureusement dans les rues, dans les maisons, sur la grande place ; mais la ville finit par être reprise, et le général Valence déboucha vaillamment par la porte de Liége, quoiqu'elle fût enfilée par les batteries que les Autrichiens avaient établies sur la chaussée, et près des monticules ou tombes antiques, situés à droite de la grande route, en sortant de Tirlemont. Après avoir éteint le feu de ces batteries, l'armée continua son mouvement, et alla se déployer hors de Tirlemont, dans la plaine qui se trouve sur la droite de la chaussée de Saint-Tron. Le général Dumouriez ordonna d'attaquer sur-le-champ le village de Goizenhoven, où les Autrichiens étaient retranchés. Les deux premières attaques furent repoussées, mais à la troisième, le dix-septième de ligne (l'ancien régiment d'Auvergne), commandé par le colonel Marcel Dumas, fit une charge brillante à la baïonnette, et pénétra dans le village, qui fut bientôt emporté. Ce succès décida le mouvement rétrograde de l'armée autrichienne, qui repassa la petite Gette en plusieurs colonnes, et se retira sur la position de Nerwinde, où cent ans auparavant (le 29 juillet 1693), le maréchal de Luxembourg avait battu Guillaume III. Le même bonheur n'était pas réservé à Dumouriez, lorsque, deux jours après, il y livra bataille au prince de Cobourg.

DCIV.

PRISE DU CAMP DE PÉRULLE. — 19 AVRIL 1793.

ADOLPHE ROEHN. — 1836.

Les ennemis, qui avaient été délogés de leur camp retranché de Pérulle le 17, revinrent en force dans la journée du 19, et s'ébranlèrent sur trois colonnes. L'attaque commença à deux heures. Ils furent reçus avec vigueur par les grenadiers des Bouches-du-Rhône et les chasseurs de Marseille, qui les culbutèrent, les poursuivirent, et, sans la nuit, qui termina le combat, eussent forcé leur camp pour la troisième fois depuis trois jours. Les ennemis eurent cent hommes tués et blessés, et vingt et un prisonniers; les Français n'eurent que trois hommes tués et onze blessés.

DCV.

COMBAT DU MAS DE ROZ. — 17 JUILLET 1793.

RENOUX. — 1836 [1].

Lorsque, au commencement de l'année 1793, les armées de la république étaient entrées en campagne à la frontière du nord, l'Espagne, quoiqu'elle fît partie de la coalition, n'avait encore rien entrepris contre la France. On se flattait que sa faiblesse ne lui permettrait aucune démonstration hostile, et cependant elle s'épuisait en préparatifs de guerre. La Convention nationale se décida alors, comme toujours, à prendre une téméraire initiative, et elle déclara la guerre à l'Espagne. Mais la France, forcée de se défendre à chacune de ses frontières, ne pouvait songer à prendre l'offensive. Elle se réduisit à former des camps, et l'ombre même en existait à peine malgré les décrets de la Convention qui avaient ordonné la création de deux armées, des Pyrénées orientales et occidentales. Les généraux Deflers et Servan, investis de ces deux commandements, avaient à peine réuni sous leurs ordres quelques nouvelles re-

---

[1] Ce tableau a été exécuté d'après une esquisse faite dans le temps par M. Gamelin, peintre, qui suivait, à cette époque, l'armée des Pyrénées orientales. Cette esquisse est déposée à l'hôtel de la préfecture des Pyrénées-Orientales à Perpignan.

crues. Les chefs de l'armée espagnole, Ricardos et le comte de la Union, profitèrent de cette faible attitude de la France pour entamer la frontière des Pyrénées. Dagobert, incapable de tenir devant des forces supérieures, leur abandonna le fort des Bains et celui de Bellegarde, et aussitôt la terreur se répandit dans Perpignan. On s'attendait à y voir de jour en jour arriver l'armée espagnole. Cependant, après quelques hésitations, Ricardos se décida à attaquer le général Flers dans son camp du Mas de Roz, où il se tenait retranché.

« L'armée espagnole, après avoir laissé un corps d'observation devant les places de Collioure et Port-Vendres, qu'une escadre de quatorze voiles bloquait par mer depuis plusieurs jours, s'était ébranlée sur trois colonnes : l'aile droite, aux ordres du lieutenant général Cagigal, dans la direction de Niel; le centre, conduit par le marquis de las Amarillas, et l'aile gauche, commandée par le prince de Monteforte, sur les deux extrémités du village de Canhoës. Ces trois colonnes s'élevaient à plus de quinze mille combattants; elles traînaient avec elles un train d'artillerie considérable. »

Le général espagnol, ayant investi le camp presque sur tous les points, commença ses attaques le 17; elles réussirent d'abord : les avant-postes français se retirèrent du Mas de Serres, où le lieutenant général espagnol Cagigal avait établi une grande batterie d'où il soutenait les attaques. « Cependant le chef de brigade Lamartillière, ayant mis en action la grosse artillerie du camp, foudroya en peu d'heures la grande batterie du Mas de Serres. Cagigal, ayant eu plus de moitié de ses pièces démontées, jugea prudent de retirer les autres, et n'en vint à bout qu'à force de bras. Dès que ce point important fut évacué, les Français y amenèrent quatre pièces, qui firent un feu très-vif contre les colonnes ébranlées. Cette canonnade augmentant de moment en moment son intensité, Ricardos ne voulut point hasarder l'assaut, et donna l'ordre de la retraite. A peine fut-elle prononcée que Dagobert s'élance hors du camp à sa poursuite, avec l'infanterie qui se trouve sous sa main; son adversaire, pour l'arrêter, prescrit à la Union de la couvrir avec sa cavalerie. Dagobert dirige aussitôt contre elle ses pièces de bataillon; mais, leur effet ne répondant pas à son ardeur, il ordonne à une brigade d'infanterie de charger ces escadrons à la baïonnette. »

Telle fut la glorieuse journée du 17 juillet, dans laquelle l'armée espagnole, bien supérieure à l'armée française, fut cependant contrainte de se retirer devant elle.

« Ce serait une grande erreur de juger son importance par les trophées recueillis sur le champ de bataille; elle produisit, à l'égard des Espagnols, l'effet que, dans la campagne précédente, Valmy avait opéré sur les Prussiens, et Jemmapes sur les Autrichiens : elle leur inspira plus de circonspection, en même temps qu'elle accrut la confiance et l'ardeur belliqueuse des jeunes volontaires des départements voisins [1]. »

[1] *Histoire des guerres de la révolution*, t. III, p. 321-327.

DCVI.

COMBAT DE LA FRÉGATE FRANÇAISE L'EMBUSCADE CONTRE LA FRÉGATE ANGLAISE LE BOSTON. — 30 JUILLET 1793.

Gudin.

« La frégate *l'Embuscade*, commandée par le capitaine Bompard, avait été expédiée de Rochefort pour transporter le premier ambassadeur chargé de représenter la république française auprès du gouvernement des États-Unis. Vers la fin de juillet 1793 le capitaine Bompard se trouvait dans le port de New-York, attendant les instructions et les dépêches de l'ambassadeur pour retourner en France. Dans une croisière qu'il venait de faire, il avait capturé ou détruit plus de soixante navires anglais. Le commandant des forces navales britanniques stationnées dans les mers de l'Amérique septentrionale résolut de s'emparer d'une frégate qui avait fait tant de tort au commerce de sa nation. Il expédia à cet effet la frégate *le Boston*, commandée par le capitaine Courtenay, et armée d'une manière qu'il jugeait propre à assurer son succès, si elle en venait aux prises avec *l'Embuscade*.

« Depuis plusieurs jours *le Boston* était à son poste, épiant la sortie de la frégate française; mais celle-ci ne paraissait pas faire de préparatifs pour mettre à la voile. Impatient de voir arriver l'instant d'un triomphe qu'il regardait comme certain, le capitaine Courtenay s'arrêta à une idée que lui suggérèrent les sentiments chevaleresques qui de tout temps ont distingué la nation française. Il adressa au capitaine Bompard un cartel dans lequel il proposait un combat singulier entre *le Boston* et *l'Embuscade*.

« Le bruit courait alors à New-York, qu'avant de venir prendre sa station devant ce port, le capitaine du *Boston* était entré à Halifax pour y augmenter son armement, qu'il avait échangé douze de ses canons de 12 contre autant de 18, qu'il avait ajouté à son artillerie deux caronades de 24 et vingt-deux pierriers, et enfin qu'il s'était composé un équipage de trois cent quatre-vingts hommes d'élite. On disait encore que les dames d'Halifax s'étaient cotisées pour donner une fête aux marins du *Boston*, et avaient promis une gratification de dix guinées à chaque matelot, si *l'Embuscade* était prise et amenée en triomphe à Halifax.

« Bompard, sans s'informer de la réalité de ces circonstances, qui devaient rendre la chance inégale, accepta le défi du capitaine anglais. Il se hâta de sortir du port, se mit à la recherche du *Boston*, et le 30 juillet, à cinq heures du matin, il le joignit en arborant le signal convenu pour se faire reconnaître. En ce moment les hauteurs voisines de la côte étaient couvertes de spectateurs, et quantité de citoyens de New-York, montés sur des bâtiments légers et même sur de frêles embarcations, avaient suivi *l'Embuscade* pour observer de plus près ce duel étrange. De part et d'autre on était parfaitement préparé; mais les deux frégates, parvenues à portée de fusil, continuaient de s'approcher sans brûler une amorce : c'était à qui ne tirerait pas la première. Enfin, ne pouvant plus maîtriser son impétuosité, le capitaine du *Boston*, contre l'usage des officiers de sa nation, commença le feu, et Bompard se trouva, en cette occasion, avoir l'avantage que les Anglais se réservent soigneusement. Après avoir reçu la bordée de l'ennemi, il lâcha la sienne et s'efforça par ses manœuvres de prendre les positions les plus avantageuses pour accabler la frégate anglaise. L'action ainsi engagée se prolongea pendant deux heures avec le plus grand acharnement; mais la victoire, si vivement disputée, demeura au pavillon français. *Le Boston*, en partie démâté et désemparé de presque toutes ses voiles, ayant eu son capitaine tué et tous ses officiers blessés, prend la fuite. *L'Embuscade* le poursuit pendant plus d'une heure; mais à raison de l'état de délabrement des agrès et des voiles, la poursuite aurait nécessairement été longue, et la mission de Bompard ne lui permettait pas de trop s'éloigner de New-York. Il leva la chasse, et, escorté de la petite flottille de curieux qui était sortie sur les traces de *l'Embuscade*, il rentra dans le port aux acclamations des habitants de la ville et de la campagne, accourus de toutes parts pour le féliciter de sa victoire.

« Une des sociétés populaires de New-York fit frapper une médaille d'or en commémoration de ce brillant combat, et la décerna solennellement au capitaine Bompard.

« Ce brave officier ne tarda pas à recevoir une autre récompense. Le contre-amiral Sercey, parti de Saint-

Domingue après l'incendie du Cap, vint relâcher à New-York avec une division navale, et donna à Bompard le commandement du vaisseau de soixante et quatorze canons le *Jupiter* [1]. »

DCVII.

BATAILLE DE HONDSCHOOTE. — 8 SEPTEMBRE 1793.

Eug. Lami. — 1836.

L'Angleterre, ayant conclu des traités particuliers avec la Prusse, l'Autriche, la Sardaigne, l'Espagne, les Provinces-Unies et le roi des Deux-Siciles, s'était placée à la tête de la coalition. L'impératrice Catherine y était entrée activement, et les flottes de la Russie avaient contraint la Suède et le Danemarck à renoncer aux droits des neutres. Ainsi, vers la fin de l'année 1793, la France, menacée au dedans par l'insurrection de la Vendée, voyait en même temps, au dehors, l'Europe entière armée contre elle. Sa situation paraissait désespérée. La levée en masse et d'autres mesures énergiques décrétées par la Convention la sauvèrent.

En face des armées coalisées qui, en six mois, avaient reconquis la Hollande et la Belgique tout entières, avaient repris Mayence et s'étaient emparées de Condé et de Valenciennes, la république française n'avait plus qu'une armée découragée, retranchée dans le camp de Gavarelle. Le général Houchard fut envoyé à cette

[1] Travaux de la section historique de la marine.

armée pour en prendre le commandement. Il laisse le prince de Cobourg et le duc d'York séparer leurs forces pour se porter, l'un sur le Quesnoy, l'autre sur Dunkerque; et, décidé à obéir aux injonctions du comité de salut public, qui lui écrit que *le salut de la république est dans cette dernière ville*, il manœuvre pour occuper l'ennemi jusqu'au moment où lui arriveront les renforts qu'il attend de l'armée du Rhin, et qui le mettront en état de l'attaquer. Puis, après que Jourdan est allé secourir Lille, et que lui-même a rassemblé à Cassel ses moyens d'action, il marche sur Dunkerque pour en opérer la délivrance.

« Le 6 septembre au matin l'armée française se met en mouvement. Le général Dumesnil, avec sa division, est chargé d'observer la garnison d'Ypres. L'avant-garde aux ordres du général Hédouville, estimée à dix mille combattants, doit s'avancer sur Rosbrugge pour menacer la retraite des alliés. Jourdan se porte avec la sienne sur Hout-Kerke; l'ennemi en est délogé par la brigade Collaud, qui se dirige ensuite vers Proven pour faciliter les attaques du général Hédouville sur Poperingue et Rosbrugge. Houchard conduit lui-même le reste des troupes de Jourdan par la route de Herzeele. Le général Landrin, avec une division, contient Walmoden sur la gauche, dans les environs de Wormhout. »

Le général Jourdan, qui avait précédé l'armée, venait d'enlever le poste de Rosbrugge le 7 septembre; tout se disposait pour une action générale. Le général Souham, renfermé dans Dunkerque, reçut l'ordre de faire des sorties pour inquiéter l'ennemi, « et le 8 au matin l'armée française se mit en mouvement, la droite, commandée par Hédouville et Collaud, entre Bevern et Killem ; le centre, commandé par Jourdan, en avant de Killem; la gauche, entre ce village et le canal de Furnes. Les deux armées se trouvèrent ainsi engagées de front, et le seul corps du colonel Leclerc, parti de Bergues, dut se porter sur le flanc droit de l'ennemi.

« Jourdan, s'avançant contre Hondschoote, donna sur le taillis qui couvrait la position ennemie, et où les tirailleurs s'engagèrent vivement; les deux partis envoyèrent successivement le gros de leurs forces au soutien. Le régiment de Brentano et une brigade hessoise y furent maltraités; le général Cochenhausen étant blessé à mort, ses troupes se virent enfin obligées de l'abandonner.

« Les retranchements à la droite ayant été aussi emportés par les gendarmes à pied, le général Walmoden, qui remplaçait le maréchal Freytag, ordonna la retraite: celle de la droite s'effectua par Hontem sur Furnes, la gauche se retira par Hoghestade en longeant le canal de Loo. L'armée prit une position en crochet pour couvrir le corps du siége; elle s'appuya, la droite à Bulscamp, la gauche à Steenterque.

« Les alliés perdirent, dans ces trois journées, près de trois mille tués, blessés et prisonniers; la perte des Français fut à peu près égale. Les généraux Jourdan et Collaud y furent blessés [1]. »

[1] *Histoire des guerres de la révolution*, par Jomini, t. IV, p. 60.

Le duc d'York, s'étant retiré sur son camp de Furnes dans la nuit qui suivit cette bataille, abandonna son artillerie de marine et une partie de ses équipages.

DCVIII.

BATAILLE DE PEYRESTORTES. — 17 SEPTEMBRE 1793.

RENOUX. — 1836 [1].

Les premiers succès obtenus le 17 juillet au Mas de Roz n'avaient pas eu de suite, et l'armée des Pyrénées orientales, composée de nouvelles recrues, ne pouvait opposer qu'une faible résistance aux troupes espagnoles du comte Ricardos, qui avaient envahi le territoire français. « Leur droite masquait Collioure, Port-Vendres et Saint-Elme ; leur centre occupait Mas d'Eu, Truillas et Pontella ; leur gauche, prolongée le long du Tet, venait s'appuyer au camp de la Perche, qui observait Mont-Louis. » Par suite de ces manœuvres, Villefranche était tombée au pouvoir du général espagnol, et malgré les avantages partiels remportés par Dagobert dans la Cerdagne, la marche de l'ennemi n'avait pas été retardée, et la ville de Perpignan était menacée.

« Après la prise de Villefranche, les ennemis passèrent le Tet et se portèrent de Thuir à Peyrestortes ; ils

[1] Ce tableau a été exécuté d'après une esquisse faite dans le temps par M. Gamelin, peintre, qui suivait, à cette époque, l'armée des Pyrénées orientales. Cette esquisse est déposée à l'hôtel de la préfecture des Pyrénées-Orientales à Perpignan.

établirent leur camp sur les hauteurs au sud du village. La communication avec Narbonne fut interceptée, les Français rejetés sur Salces et dans la place de Perpignan, contre laquelle des batteries, élevées au Vernet, lancèrent des boulets.

« Dans la nuit du 17 au 18 le général d'Aoust résolut d'enlever ce camp, où dix mille hommes d'infanterie et deux mille de cavalerie étaient protégés par des retranchements et quarante pièces de canon. On tira six mille hommes du camp de l'Union, et à peu près le même nombre de la garnison de Perpignan et du corps de Salces. L'affaire réussit au delà de toute espérance : tentes, canons, équipages, tout resta en notre pouvoir. La perte de l'ennemi fut énorme ; la nôtre eût été insignifiante, si, par une fatale méprise assez ordinaire dans les combats de nuit, et surtout avec des hommes de nouvelle levée, le corps de Salces n'eût fusillé longtemps celui venu de Perpignan. Les Espagnols repassèrent le Tet, et le champ de bataille, depuis cette époque, fut transporté entre le Tech et les montagnes de la frontière, jusqu'à ce que, l'arrivée de Dugommier rétablissant l'équilibre des forces, l'armée française, après des succès éclatants, envahit à son tour le territoire espagnol[1]. »

[1] Note communiquée par la préfecture des Pyrénées-Orientales.

DCIX.

ENTRÉE DE L'ARMÉE FRANÇAISE A MOUTIERS. — 4 OCTOBRE 1793.

Cl. Boulanger. — 1836.

Toulon étant tombé au pouvoir de la flotte anglaise, le roi de Sardaigne crut le moment favorable pour rentrer en possession de ses états, dont une partie avait été envahie par les armées de la république. Il se rendit à Fontan, où il trouva ses troupes réunies, et donna aussitôt l'ordre d'attaquer l'armée française sur tous les points. Déjà les Français, pressés par un ennemi supérieur en nombre, avaient été repoussés de toute la Maurienne, lorsque Kellermann arriva à Chambéry pour prendre le commandement et s'opposer aux progrès de l'ennemi. Kellermann n'avait sous ses ordres qu'une faible armée de douze mille hommes; le roi de Sardaigne n'en comptait pas moins de vingt mille. Après avoir livré, le 11 septembre, les combats d'Argentines et d'Espierre, dans lesquels il repoussa les troupes sardes, commandées par le général Gordon, et s'être emparé, le 15, du col de la Madeleine, Kellermann força le général Gordon à se retirer sur Saint-Michel.

« Deux petites colonnes renforcées de gardes nationales s'emparaient, sur sa droite, des vallées de Sallenche et de Beaufort, ainsi que des hauteurs du Mont-Cormet; le détachement piémontais, qui avait si vaillamment attaqué Saint-Martin au commencement de l'invasion, s'enfuit dispersé jusqu'au Saint-Bernard.

« Alors les petites colonnes de gauche descendirent sur Saint-Maurice, vers lequel le corps de bataille, conduit par Kellermann, se dirigea de son côté par Moutiers et Ayme, afin de ne pas lui laisser le temps de s'établir au pied des versants de la Savoie, et de le rejeter entièrement sur les Alpes. Le 4 octobre les Sardes furent attaqués, et forcés, par une artillerie supérieure, à se retirer sur le petit Saint-Bernard[1]. »

Le prince de Montferrat ayant évacué la ville de Moutiers, le général Kellermann en prit aussitôt après possession.

DCX.

BATAILLE DE WATIGNIES. — 16 OCTOBRE 1793.

Eug. Lami. — 1836.

La victoire de Hondschoote, qui avait excité en France des transports d'allégresse, et enflammé l'enthousiasme national, n'avait eu, au reste, d'autre résultat que la levée du siége de Dunkerque. Les frontières restaient ouvertes, et les ennemis ralliés les menaçaient encore. Tandis que le duc d'York, après avoir recueilli ses débris, tenait la campagne entre Ypres et Tournay, avec cinquante mille Anglais, Hollandais et Hanovriens, le prince de Cobourg, à la tête d'une armée de soixante et dix mille Autrichiens, poursuivait

[1] *Histoire des guerres de la révolution*, par Jomini, t. IV, p. 202-203.

ses succès. Le 11 septembre il avait forcé le Quesnoy à capituler, malgré les secours qu'on avait essayé d'y introduire, et, quatre jours après, Beaulieu avait dispersé, près de Billeghem, les troupes de Houchard, égarées par une terreur panique. C'est dans ces circonstances que la Convention nationale rendit le terrible décret par lequel elle ordonnait à ses généraux de vaincre avant le 20 octobre. Jourdan fut mis à la place de Houchard, à la tête de l'armée du Nord, et Carnot s'y rendit en personne pour imprimer aux opérations une plus puissante unité. Avant tout il fallait débloquer le corps de l'armée des Ardennes qui était enveloppé par l'ennemi dans le camp retranché de Maubeuge.

« Déjà le défaut de vivres s'y faisait vivement sentir ; les troupes étaient réduites depuis le 10 à moitié de la ration ; les hôpitaux, établis seulement pour la garnison ordinaire, se trouvaient encombrés. L'abattement avait succédé au premier mouvement d'enthousiasme. Pour comble d'embarras, l'ennemi démasqua ses batteries, dans la nuit du 14 au 15, à si grande proximité, qu'elles jetèrent la terreur dans la ville. On pouvait tout craindre de la disposition des esprits.

« Instruit de ces événements, Jourdan, investi d'une portion de la dictature du comité de salut public, jugea toute l'importance de voler au secours d'un corps considérable qui, malgré les ouvrages dont il était protégé, menaçait de ne pas se soutenir longtemps.

« Son premier soin fut de rassembler à Guise une

armée de quarante-cinq mille hommes tirée des camps de Gavarelle, de Cassel et de Lille. Redoutant d'exposer une partie de la frontière aux coups de l'ennemi, il laissa dix mille hommes à Gavarelle pour couvrir Arras, et quarante mille environ furent employés à garder la ligne depuis Douai et Lille jusqu'à Dunkerque. »

Il appela cinq mille hommes de l'armée du Nord, et, à la tête de ce corps de quarante-cinq mille hommes, il marcha à l'ennemi pour entreprendre de délivrer Maubeuge.

« Jourdan, dit l'auteur des Campagnes du Nord [1], avait fait un long détour pour dérober sa marche aux ennemis, et ses divisions s'avançaient par la route d'Avesnes, tandis que cinq mille hommes de l'armée des Ardennes, qui étaient restés dans les environs de Philippeville, sous le commandement du général Élie, manœuvraient pour venir se rallier à sa droite. »

Les alliés, prévenus de la marche de l'armée française, avaient réuni leurs moyens de défense. Le 14 octobre les avant-postes du corps d'armée du comte de Clerfayt, qui défendait la route d'Avesnes, eurent quelques engagements; ils se replièrent pendant la nuit sur le corps principal du prince de Cobourg.

« Ses positions étaient formidables. Renforcé par deux divisions hollandaise et hanovrienne que commandait le prince d'Orange, le prince de Cobourg présentait à cinquante mille Français une ligne de quatre-vingt mille combattants. Postés sur des collines boisées,

[1] Page 234.

ils étaient couverts par des fossés palissadés, par des abatis immenses, par des retranchements hérissés d'artillerie, qui doublaient leurs forces [1]. »

Cependant le prince de Cobourg avait placé les Hollandais, au nombre de douze mille, sur la rive gauche de la Sambre, et s'attachait à faire incendier les magasins de Maubeuge pour augmenter la disette. En même temps il avait porté le général Collardo sur la rive droite, et l'avait chargé d'investir le camp retranché. En avant de Collardo, Clerfayt, avec trois divisions, formait le corps d'observation, et devait s'opposer à la marche de Jourdan. Les coalisés comptaient à peu près soixante-cinq mille hommes.

Il fallait que Jourdan, avec ses quarante-cinq ou cinquante mille hommes de nouvelles recrues, encore mal organisées, attaquât cette armée, si supérieure par le nombre et la discipline, dans les formidables positions qu'elle occupait. Une première attaque eut lieu dans la journée du 15 octobre. Dirigée sur les trois points de Saint-Waast, Dourlers et Watignies, elle ne réussit que sur le dernier, qui était le plus faible. Mais les Français y avaient gagné de mieux connaître la position de l'ennemi, et il fut résolu que l'attaque du lendemain, qui devait être décisive, se porterait sur Watignies, d'où l'on se rendrait infailliblement maître de Dourlers.

Le 16 au matin l'action commença. Jourdan, avec les commissaires de la Convention, s'était transporté à l'aile droite.

[1] *Campagnes du Nord*, par M. Viennet, t. I, p. 255.

« Par ses ordres, la division Beauregard, rappelée de sa position trop lointaine d'Eules, dut se rabattre sur Obrechies; le général Duquesnoy, renforcé, reçut l'ordre d'aborder le camp de Watignies sur trois colonnes, par Choisy, Dimechaux et Dimont. Le corps des Ardennes, sorti de Philippeville, devait continuer sa démonstration sur Beaumont, mais sans trop s'engager.

« Ces attaques, combinées avec sagesse et ensemble, eurent le succès qu'on a raison de se promettre toutes les fois qu'on applique les principes de l'art; Watignies est bientôt enlevé par un effort concentrique, auquel le général Terzy ne saurait rien opposer. L'infanterie débouche de ce village, attaque à revers les grenadiers autrichiens qui défendaient la lisière du bois et se liaient au centre de Clerfayt; elle les met dans l'obligation de se retirer, la baïonnette basse, jusque sous le bois du Prince : la cavalerie accourt au soutien, et menace à son tour les bataillons un peu ébranlés des républicains. Mais douze pièces, heureusement placées par Jourdan, et conduites par le frère de Carnot, semant l'épouvante dans les escadrons ennemis, les obligent à la retraite sur Beaufort[1]. »

« Cependant, au milieu de cette attaque si heureusement combinée, le général Beauregard avait seul mal réussi. Surpris par une brigade autrichienne, il s'était exagéré la force de l'ennemi, et sa division s'était mise en désordre. Le prince de Cobourg ne sut pas profiter de cet avantage : il laissa Jourdan rallier ses bataillons dis-

[1] *Histoire des guerres de la révolution*, par Jomini, t. IV, p. 131.

persés, et les ramener au feu avec le reste de l'armée. Craignant d'ailleurs que les vingt mille hommes du camp de Maubeuge ne vinssent s'unir à l'armée française et achever la défaite de l'armée impériale, il se hâta de passer sur la rive droite de la Sambre, malgré l'arrivée du duc d'York, qui accourait à marches forcées du côté de la rive gauche. Maubeuge fut ainsi délivré par la victoire de Watignies, comme Dunkerque l'avait été par celle de Hondschoote. »

DCXI.

COMBAT DE GILLETTE. — 19 OCTOBRE 1793.

ALPHONSE ROEHN. — 1836.

« Huit mille Austro-Sardes, aux ordres du général de Wins, venaient de descendre par la vallée de la Blure sur Gillette et le Broc. Le général Dugommier, qui commandait les troupes dans cette partie, avait son quartier général à Utelle. Le but du général ennemi, en s'emparant de ces deux postes, surtout de celui de Gillette, était d'y former des magasins et d'en faire la base de ses opérations ultérieures. Étant maître de passer le Var à volonté, il pouvait se porter sur les derrières du corps français occupant le comté de Nice, faire une pointe en France, et couper les communications avec l'intérieur. Gillette fut donc occupé par quatre mille Autrichiens, Croates et Piémontais, et six pièces de canon. Dugommier, à la nouvelle de cette invasion, prend avec lui trois cents chasseurs et grenadiers, confie la défense d'Utelle à l'adjudant général Despinois, et fait passer l'ordre au chef de bataillon Martin de marcher de Broc sur Gillette. Martin surprend l'ennemi dans le village de la Roque, qu'il était occupé à piller, l'en chasse, et délivre une compagnie de son bataillon, qui s'était retranchée dans un vieux château auprès du village, quand les Austro-Sardes s'étaient présentés pour s'emparer de ce village. Quatre-vingt-huit Autrichiens furent faits prisonniers dans cette attaque particlle. Dugommier, qui venait de faire une marche de sept lieues pendant la nuit, et qui, chemin faisant, avait réuni tous les détachements qui se trouvaient sur son passage ou à proximité, se trouve en présence de l'ennemi, le 19 octobre, au point du jour. Il n'avait pas mille hommes sous ses ordres; mais cette grande infériorité ne l'arrête point. Il attaque avec la plus grande impétuosité et culbute les Austro-Sardes, qui le croyaient bien éloigné. Tout cède à ce choc aussi vigoureux qu'imprévu. Gillette est évacué; l'artillerie, les munitions, les tentes du corps d'armée du général de Wins restent au pouvoir des Français. Huit cents morts, sept cents prisonniers, sont le résultat du combat; la Provence est garantie d'une invasion, et la sûreté des troupes françaises dans le comté de Nice n'est point compromise[1]. »

---

[1] *Victoires et conquêtes*, t. VIII, p. 98-99.

DCXII.

SIÉGE DE TOULON. — 8 OCTOBRE 1793.

INVESTISSEMENT DE LA PLACE.

. . . .

DCXIII.

PRISE DE MENIN. — 24 OCTOBRE 1793.

Victor Adam. —1836.

Le général Souham, qui commandait le camp de la Madeleine, près Lille, reçut, immédiatement après la bataille de Watignies, l'ordre de se mettre en marche. Il partit avec les brigades Macdonald, Michel et Dumonceau, et se porta sur les routes de Menin, de Werwick et de Tournay. Le 23 il s'empara des villages de Wilhem et de Sailly. Macdonald entra dans Werwick, et le 24 Dumonceau s'empara de Menin, pendant que Michel forçait les retranchements de Néchin et de Templeuve, sur la droite du camp de Cisoing [1].

DCXIV.

REPRISE DE LA VILLE ET DU PORT DE TOULON. — 19 DÉCEMBRE 1793.

Péron. — 1836.

La ville et le port de Toulon étaient tombés au pouvoir de la flotte anglaise. L'amiral Hood, sentant bien

---

[1] *Campagnes du Nord*, par M. Viennet, p. 246.

qu'on ne le laisserait pas longtemps paisible possesseur d'une position aussi importante, s'empressa de la mettre en état de défense. Toutes les fortifications de la ville furent réparées et augmentées, et on y débarqua un corps nombreux de troupes anglaises, espagnoles ou napolitaines, dont le commandement fut donné au général anglais O'Hara.

« Vers la fin de novembre, le général Dugommier, divisionnaire de l'armée des Alpes, fut investi du commandement en chef de l'armée de siége, alors composée de vingt-cinq à vingt-huit mille hommes, dont un tiers de recrues. L'artillerie ne lui manquait pas, mais la disette de poudre se faisait sentir. A son arrivée, le nouveau général en chef convoqua un conseil où l'on décida, vu la faiblesse des moyens de l'armée assiégeante, qu'on commencerait par attaquer la redoute anglaise située sur la hauteur, à l'ouest de l'Éguillette, la montagne de Faron, et enfin le fort Malbousquet, tandis qu'on ferait vers la gauche une démonstration sur le cap Brun; on devait ensuite attaquer le corps de place, si la fortune se montrait favorable.

« Bientôt le chef de bataillon Bonaparte, commandant en second l'artillerie de siége, établit sur la colline des Arènes une batterie de six pièces de vingt-quatre, qui commença à tirer contre le fort Malbousquet. »

Cette batterie inquiétait les assiégés : ils tentèrent une sortie le 30 novembre; on se battit avec acharnement; le général anglais O'Hara fut blessé et fait prisonnier. Le général en chef Dugommier reçut également deux coups de feu, qui ne le mirent cependant pas hors de combat. Il résolut d'attaquer la redoute anglaise, et reconnut l'ouvrage conjointement avec les chefs du génie et de l'artillerie, Marescot et Bonaparte.

« Cette formidable redoute, élevée au milieu de la langue de terre appelée l'Éguillette, formait le centre d'une ligne de retranchements et d'abatis qui couvraient un camp d'environ cinq mille hommes, anglais et espagnols. Les Anglais l'avaient baptisée *le petit Gibraltar*. Elle consistait en un vaste ouvrage, d'un profil fort élevé, et dont l'escarpe était revêtue en pierres sèches, environnée d'un large fossé; elle avait été élevée sur les dessins d'un ingénieur français, et on la croyait imprenable [1]. »

La redoute fut enlevée dans la nuit du 16 au 17 par les **généraux Labarre et Victor**; l'attaque du fort Faron, confiée au général Lapoype, suivit bientôt. Cette attaque fut également couronnée de succès. Dans la journée du 18, les forts des Pommets, de Saint-Antoine, de Saint-André, de Malbousquet, le camp de Saint-Elme, furent successivement évacués, et il ne resta plus aux alliés que le fort Lamalgue. Enfin, dans la nuit du 18 au 19, toute l'armée combinée dut évacuer la ville, mais en se retirant elle entreprit d'incendier la flotte française et mit le feu à l'arsenal.

« Des trente et un vaisseaux de ligne et vingt-cinq frégates qui se trouvaient à Toulon au moment où les alliés y entrèrent, seize vaisseaux et cinq frégates de-

[1] *Histoire des guerres de la révolution*, par Jomini, t. IV, p. 221.

vinrent la proie des flammes, ou en furent fortement endommagés ; trois vaisseaux et neuf frégates furent emmenés, sept vaisseaux et onze frégates restèrent intacts dans la darse.

« L'armée française entra à Toulon le 19 décembre, et son premier soin fut d'arrêter les progrès de l'incendie [1]. »

DCXV.

COMBAT DE WERDT. — 22 DÉCEMBRE 1793.

Victor Adam. — 1836.

L'armée prussienne, commandée par le duc de Brunswick et le général Wurmser, avait de nouveau passé la frontière. Les lignes de Weissembourg avaient été forcées; Landau était investi ; les armées du Rhin et de la Moselle n'avaient plus de chefs. On nomma Pichegru au commandement de la première, et Hoche, qui s'était distingué pendant le siége de Dunkerque, fut placé à la tête de la seconde, avec l'ordre de délivrer la place de Landau.

Les premières tentatives du général Hoche pour secourir la place assiégée avaient été infructueuses; mais, loin de se décourager, il redoublait d'efforts, lorsque enfin il fut rejoint « par les premières colonnes de la division des Ardennes. Il déboucha des Vosges, le 22 décembre, avec trois divisions de l'armée de la Moselle, et écrasa le corps du général Hotze à Freschwei

---

[1] *Histoire des guerres de la révolution*, par Jomini, t. IV, p. 226.

ler et à Werdt : il parvint, à la faveur d'un brouillard épais, à lui enlever plusieurs redoutes garnies de vingt pièces de canon, à détruire quatre bataillons qui les gardaient, le contraignit ainsi à quitter les hauteurs importantes de Lieb-Frauenberg, et obligea la division prussienne postée à Lembach à se retirer sur le Pigeonnier, près de Weissembourg. Le reste de l'armée de Wurmser fut alors contraint à quitter la position de la Motter, où il eût été compromis, et à se retirer derrière la Surbach, après avoir jeté garnison à Fort-Vauban[1]. »

DCXVI.

COMBAT DU GEISBERG. — 28 DÉCEMBRE 1793.

EUG. LAMI. — 1837.

« Immédiatement après ce premier succès dans les gorges, les armées de la Moselle et du Rhin s'avancèrent de concert contre Wurmser, qui, déjà débordé sur la Surbach, prit le parti de se retirer le 24 derrière Weissembourg, où il fut suivi pied à pied. »

Les deux armées du Rhin et de la Moselle venaient d'être réunies et mises sous le commandement de Hoche. Il se dispose sur-le-champ à reprendre Weissembourg. « Il marcha à la rencontre de l'ennemi sur trois colonnes ; la droite de l'armée du Rhin, aux ordres de Desaix, assaillit Lauterbourg et l'emporta ; la division Michaud se dirigea sur Schleithal ; celles de Ferino,

---

[1] *Histoire des guerres de la révolution*, par Jomini, t. IV, p. 172.

Hatry et Taponier, réunies au centre, marchèrent sur le Geisberg et Weissembourg, tandis que les divisions de l'armée de la Moselle durent tourner la droite des Prussiens par les gorges des Vosges. Si les alliés avaient quelque intérêt à reprendre l'initiative, dès qu'ils se voyaient prévenus par l'ennemi, ils n'étaient nullement en mesure d'accepter une bataille défensive sur la droite de la Lauter. L'avant-garde, de sept bataillons et seize escadrons autrichiens, se trouva néanmoins engagée entre Schleithal et le Geisberg; tournée par sa gauche, elle se rejeta sur cette hauteur, où elle fut abordée par la division Ferino et rejetée sur Weissembourg. La retraite se fit en désordre[1]. »

L'occupation instantanée de Weissembourg pouvait être désastreuse pour les coalisés, et elle était imminente. Mais le duc de Brunswick, qui était au Pigeonnier, accourut sur ce point, « prit avec lui une brigade prussienne, et rejoignant d'une course rapide les huit bataillons autrichiens de Wartensleben, il leur communiqua sa résolution et son courage, et revint avec eux contre les hauteurs de Roth. La division Hatry ne peut résister à la vigueur du premier choc, et cède un moment à l'impétuosité de Brunswick. Hoche y conduit à son tour les brigades de Lefebvre et de Taponier, et fait ordonner à la cavalerie du général Donnadieu de charger les flancs de la colonne ennemie; mais cet ordre n'est point exécuté.

« Cependant le duc de Brunswick oppose un obstacle

---

[1] *Histoire des guerres de la révolution*, par Jomini, t. IV, p. 168.

invincible aux divisions qui l'assaillent. Ses bataillons et ses bagages, chassés du Pigeonnier, se replient sur Weissembourg, sous la protection de l'arrière-garde, dont sa présence soutient le courage. Brunswick et Wartensleben y laissent la moitié de leurs soldats ; mais ils sauvent le reste de l'armée et ne se replient enfin que lorsqu'ils n'ont plus à sauver que les débris de leur colonne.

« Toute la ligne ennemie fut enfoncée. Hoche, Ferino et Taponier entrèrent dans Weissembourg, et la forteresse fut débloquée le 28 décembre[1]. »

DCXVII.
COMBAT DE MONTEILLA. — 10 AVRIL 1794.

Renoux. — 1837.

Vers la fin de décembre 1793 l'armée des Pyrénées orientales s'élevait à moins de trente-cinq mille hommes, tous malades, dit Jomini, dans les cantonnements ou dans les hôpitaux. Dugommier, qui la commandait en chef, employa l'hiver à la réorganiser.

Dès le 27 mars il ouvrit la campagne. « L'armée fit un mouvement général pour attaquer l'armée espagnole. La droite, aux ordres du général Augereau, vint s'établir au Monestier et à Mas d'Eu, poussant ses chasseurs à Pulla, Fourques et Villemolac. Le centre, commandé par le général Pérignon, s'étendit des cabanes du Réart,

[1] *Campagnes du Nord*, par M. Viennet, t. I, p. 287.

près de la grande route, jusqu'au mamelon qui commande Brouillas, ayant sa réserve sous le général Victor Perrin, auprès de Bayde. Le général Sauret, à la gauche, jeta six bataillons à Ortaffa, et se tint prêt à passer le Tech au premier ordre.

« Le corps de la Cerdagne ne devait faire aucun mouvement ; mais Dagobert, qui s'indignait de l'inaction, se porta en trois colonnes, avec environ six mille hommes sur Monteilla, y battit le comte de Saint-Hilaire, le poussa jusqu'à Castel-Ciudad, lui prit sept pièces de canon, imposa cent mille francs de contribution à la Seu-d'Urgel, et, ne pouvant, faute d'artillerie, en assiéger la citadelle, où la garnison s'était réfugiée, revint chargé de butin à Puycerda. Une fièvre maligne l'y emporta peu de jours après, à la soixante et seizième année de son âge, craint de l'ennemi, chéri de ses soldats, qui le regardaient avec admiration, estimé du général en chef, dont il avait toute la confiance [1]. »

DCXVIII.

COMBAT D'ARLON. — 17 AVRIL 1794.

DESPINASSY. — 1837.

D'après le plan conçu pour la campagne de 1794, Jourdan, qui avait reçu le commandement de l'armée de la Moselle, devait se porter avec un corps de troupes

[1] *Histoire des guerres de la révolution*, par Jomini, t. V, p. 226.

en avant de Longwy pour intercepter les communications de Namur et de Liége avec le Luxembourg.

« Le général Hatry réunit, le 15 avril, les divisions Lefebvre, Morlot et Championnet, formant environ vingt mille hommes, et se dirigea le lendemain, en deux colonnes, vers Arlon. L'avant-garde, conduite par Lefebvre, ayant rencontré l'ennemi au pont d'Aubange, le culbuta, et, entraînée par trop d'ardeur, le poursuivit, contre ses instructions, jusqu'au delà des hauteurs de Bubange, où elle se trouva seule en présence du corps de Beaulieu. Une vive canonnade s'engagea, et Jourdan, qui n'en attendait aucun résultat, fit replier Lefebvre sur ces hauteurs.

« Beaulieu, renforcé de quelques bataillons de la garnison de Luxembourg, s'était établi, la droite sur les hauteurs de Tornich, le centre sur celles d'Arlon, la gauche en arrière du ruisseau de Nieder-Elter.

« Le 17 Championnet marcha en plusieurs colonnes sur Tornich; Lefebvre attaqua Sessling et Weyler, tandit que Morlot, après avoir nettoyé le bois d'Ober-Elter, se portait sur la route de Luxembourg. Le général Championnet s'étant emparé des hauteurs de Tornich, qui plongeaient toute la position, et Morlot menaçant sa gauche, Beaulieu prit le parti de la retraite, qu'il n'effectua pourtant pas sans perte, étant obligé de défiler sous le feu de l'artillerie française [1]. »

---

[1] *Histoire des guerres de la révolution*, par Jomini, t. V, p. 115.

DCXIX.

PRISE DU PETIT SAINT-BERNARD. — 24 AVRIL 1794.

Pingret. — 1836.

Malgré tous les avantages remportés depuis deux ans sur la frontière d'Italie par les armées françaises, il leur restait toujours à établir leur ligne de défense sur la grande chaîne des Alpes, à se saisir des postes du petit Saint-Bernard et du Mont-Cenis. Pendant que Bonaparte, élevé au grade de général de brigade, préludait aux grandes choses qu'il devait deux ans après accomplir en Italie, par une habile manœuvre qui enlevait aux Autrichiens la petite ville d'Oneille, et débusquait successivement les Piémontais de Saorgio et du col de Tende, l'armée des Alpes, piquée d'émulation, faisait un grand effort pour forcer les passages du petit Saint-Bernard.

« Le général Dumas, qui commandait alors l'armée des Alpes, ordonna au général de brigade Basdelaune, qui occupait la Tarentaise, de se porter sur le Mont-Valaisan, et de s'en emparer, ainsi que du petit Saint-Bernard. Basdelaune, après avoir marché pendant deux jours au milieu des neiges et des précipices les plus effrayants, attaqua, le 24 avril, par leur droite et par leur gauche, les trois fortes redoutes du Mont-Valaisan au-dessus du Scer. Après une défense très-opiniâtre, et malgré le feu d'une artillerie à laquelle ils n'avaient à opposer que leur mousqueterie et leurs baïonnettes, les soldats français emportèrent ces retranchements, et forcèrent les Piémontais à une retraite précipitée. La position du Mont-Valaisan est à peu près au même niveau que celle du petit Saint-Bernard qui l'avoisine. Basdelaune fit diriger les canons dont il venait de s'emparer, dans les redoutes du Valaisan, sur celle de la chapelle du petit Saint-Bernard. Les Piémontais qui occupaient ce poste, ainsi foudroyés par leur propre artillerie, ne purent résister à ses effets meurtriers, et n'attendirent point que les troupes françaises, continuant leur marche victorieuse, vinssent les chasser de cette dernière position. Le général Basdelaune fit poursuivre les Piémontais à travers les rochers, l'espace de trois lieues... Vingt pièces de canon, plusieurs obusiers, treize pièces d'artillerie de montagnes, deux cents fusils et deux cents prisonniers, parmi lesquels se trouva le commandant piémontais, restèrent au pouvoir des Français [1]. »

DCXX.

COMBAT DE MOUCROEN. — 29 AVRIL 1794.

Mozin. — 1837.

Vers le même temps, Pichegru, qui avait reçu le commandement de l'armée du Nord, commençait en Flandre ses opérations. Les généraux Souham et Moreau, partant de Lille avec deux divisions, reçurent

[1] *Victoires et conquêtes*. t. II, p. 228.

ordre d'enlever, sous les yeux de Clerfayt, Menin et Courtray. Ces deux places sont situées à la suite l'une de l'autre sur la Lys. « Moreau investit la première, Souham s'empara de la seconde. Clerfayt, trompé sur la marche des Français, les cherchait où ils n'étaient pas. Bientôt cependant il apprit l'investissement de Menin et la prise de Courtray, et voulut essayer de faire rétrograder l'armée française, en menaçant ses communications avec Lille. Le 9 floréal (28 avril), en effet, il se porta à Moucroen avec dix-huit mille hommes, et vint s'exposer imprudemment aux coups de cinquante mille Français, qui auraient pu l'écraser en se repliant. Moreau et Souham, ramenant aussitôt une partie de leurs troupes vers leurs communications menacées, marchèrent sur Moucroen et résolurent de livrer bataille à Clerfayt. Il était retranché sur une position à laquelle on ne pouvait parvenir que par cinq défilés étroits, défendus par une artillerie formidable. Le 10 floréal (29 avril) l'attaque fut ordonnée. Nos jeunes soldats, dont la plupart voyaient le feu pour la première fois, n'y résistèrent pas d'abord; mais les généraux et officiers bravèrent tous les dangers pour les rallier; ils y réussirent, et les positions furent enlevées. Clerfayt perdit douze cents prisonniers, dont quatre-vingt-quatre officiers, trente-trois pièces de canon, quatre drapeaux et cinq cents fusils[1]. »

[1] *Histoire de la révolution*, par M. Thiers, t. VI, p. 288.

DCXXI.

PRISE DU CAMP DU BOULOU. — 1ᵉʳ MAI 1794.

Renoux. — 1836.

Le général Pérignon avait passé le Tech dans la nuit du 29 au 30 avril. D'après les ordres du général en chef Dugommier, il devait tourner le camp du Boulou, s'emparer de toutes les routes, et venir ensuite occuper le pont de Ceret pour couper la retraite de l'ennemi. Mais le comte de la Union, nouvellement appelé au commandement de l'armée espagnole, y était arrivé dans cette même nuit. Informé de la marche des Français, et reconnaissant la fausse position de son camp, il avait aussitôt ordonné la retraite. Il fut prévenu par la prompte décision du général français.

Pérignon attaque le camp à la pointe du jour, et enlève à l'ennemi, malgré sa résistance, presque toutes ses positions. L'ensemble et la rapidité des mouvements de l'armée française portent le trouble et le désordre dans les rangs espagnols.

« Cependant les malheurs étaient réparables, lorsque le général Augereau, prévenu du trouble et de la détresse des Espagnols, ayant assailli les ouvrages du pont de Ceret, l'ouvrit à la cavalerie de Labarre, qui le traversa au trot pour se porter sur la colonne d'artillerie attaquée par le général Rénel dans le défilé de Maureillas. Le combat ne fut pas long : quelques volées d'artillerie légère dissipèrent l'escorte; cent quarante pièces de canon, huit cents mulets, tous les bagages de l'armée, des effets de campement pour vingt mille hommes, quinze cents prisonniers furent les fruits de cette victoire, qui ne coûta pas mille hommes aux Français[1]. »

DCXXII.

COMBAT DE COURTRAY. — 11 MAI 1794.

Hipp. Lecomte.

Clerfayt, après l'échec qu'il avait essuyé à Moucroen, s'était rejeté dans la Flandre occidentale, entre la mer et la colonne française échelonnée de Lille à Courtray. Pressé de se réunir au duc d'York, qui était posté à Lamain devant Tournay, il vint subitement (10 mai) attaquer devant Courtray le général Vandamme, qui couvrait cette ville avec sa brigade. Vandamme ne put soutenir le choc, et, s'étant enfermé dans la ville, il donna avis au général Souham de la situation critique où il se trouvait.

« Souham se mit aussitôt en marche dans la soirée pour venir au secours de Vandamme, et reprit à cet effet son camp d'Aelbeck. Le 11 au matin les brigades Malbrancq et Macdonald devaient se diriger vers Menin pour y passer la Lys, et tomber ensuite par Morseele sur le flanc droit et les derrières de l'ennemi. Les

[1] *Histoire des guerres de la révolution*, par Jomini, t. V, p. 235.

brigades Daendels et de Winter retournèrent à Courtray, où elles arrivèrent le 11 au matin.

« Lorsqu'on eut achevé ces préparatifs, les troupes sortirent de Courtray, à trois heures après midi : la colonne de Vandamme déboucha à droite par la chaussée de Bruges, et Daendels à gauche par celle de Menin. Clerfayt avait pris une fort bonne position, ses ailes appuyées à chacune de ces chaussées. Ses avant-gardes disputèrent vivement les débouchés ; après un combat assez meurtrier, les colonnes françaises parvinrent toutefois à se former, particulièrement à la droite. Clerfayt fit avancer sa réserve : la cavalerie autrichienne exécuta une belle charge sur celle de Daendels, au moulin de Stampcott. On se battit jusqu'à dix heures du soir, et les Autrichiens profitèrent de la nuit pour se retirer sur Thielt. Ce combat, qui fit honneur aux deux partis, leur coûta près de quatre mille hommes[1]. »

DCXXIII.
BATAILLE DE TURCOING. — 18 MAI 1794.

JOLLIVET. — 1836.

L'armée du Nord, victorieuse à son aile gauche, avait été moins heureuse à la droite, et deux fois elle avait essayé vainement de passer la Sambre. La fortune restait donc indécise, lorsque, pour la fixer, on conçut dans l'état-major autrichien ce fameux *plan de destruc-*

---

[1] *Histoire des guerres de la révolution*, par Jomini, t. V, p. 67.

tion, qui avait pour but de couper l'armée française de Lille, de l'envelopper et de l'anéantir. Pichegru avait alors quitté le gros de son armée pour se porter sur la Sambre, et réparer les échecs que son aile droite y avait essuyés. Ce fut Souham et Moreau, qui, en son absence, eurent l'honneur de déconcerter *le plan de destruction.*

Le prince de Cobourg avait ordonné un mouvement concentrique de toutes les divisions de son armée sur Turcoing. L'archiduc Charles, le duc d'York, Clerfayt, de Busch, Otto et Kinsky, devaient ensemble se porter sur ce point, et, en l'occupant, séparer les deux corps de Souham et de Moreau, qui étaient à Menin et Courtray, de celui du général Bonnaud, qui s'appuyait sur Lille. Les deux généraux français prirent alors une résolution prompte et habile : ce fut de diriger un effort sur Turcoing pour s'emparer de cette position décisive.

« Moreau se chargea de contenir Clerfayt avec la seule brigade de Vandamme, qui allait rentrer de son expédition sur Ingelmunster. La brigade Malbrancq vint à Roncq et Blanc-Four; celle de Macdonald repassa aussi sur la rive droite de la Lys à Mont-Halluin; le reste de la division Souham campait devant Courtray, vers Pollenberg; les brigades Compère et Thierry étaient vers Moucroen [1]. »

« Les dispositions des généraux français eurent un plein succès. Clerfayt n'avait pu s'avancer que lentement: retardé à Werwick, il n'avait pu arriver à Limelles au

---

[1] *Histoire des guerres de la révolution*, par Jomini, t. V, p. 92.

jour convenu. Le général de Busch s'était d'abord emparé de Moucroen, mais avait reçu un léger échec, et Otto, s'étant morcelé pour le secourir, n'était pas resté assez en forces à Turcoing; enfin le duc d'York s'était avancé à Roubaix et à Mouveaux, sans voir arriver Clerfayt, et sans pouvoir se lier à lui; Kinsky et l'archiduc Charles n'étaient arrivés sur Lille que fort tard dans la journée du 17 mai. Le lendemain matin Souham marcha vivement sur Turcoing, culbuta tout ce qui se rencontra devant lui, et s'empara de cette position importante. De son côté, Bonnaud, marchant de Lille sur le duc d'York, qui devait s'interposer entre Turcoing et Lille, le trouva morcelé sur une ligne étendue. Les Anglais, quoique surpris, voulurent résister; mais nos jeunes réquisitionnaires, marchant avec ardeur, les obligèrent à céder, et à fuir en jetant leurs armes. La déroute fut telle, que le duc d'York, courant à toute bride, ne dut son salut qu'à la vitesse de son cheval. Dès ce moment, la confusion devint générale chez les coalisés, et l'empereur d'Allemagne, de la hauteur de Templeuve, vit son armée en fuite. Pendant ce temps l'archiduc Charles, mal averti, mal placé, restait inactif au-dessous de Lille, et Clerfayt, arrêté vers la Lys, était réduit à se retirer. Telle fut l'issue de ce *plan de destruction*. Il nous valut plusieurs mille prisonniers, beaucoup de matériel, et le prestige d'une grande victoire, remportée par soixante et dix mille hommes sur près de cent mille[1]. »

---

[1] *Histoire de la révolution*, par M. Thiers, t. VI, p. 295-296.

DCXXIV.

COMBAT SOUS CHARLEROI. — 26 MAI 1794.

HIPP. BELLANGÉ.

L'armée des Ardennes, commandée par le général Charbonnier, avait reçu l'ordre de traverser la Sambre pour se diriger sur Mons et combiner ses mouvements avec ceux de l'armée du Nord, sous les ordres de Pichegru. Un premier passage fut tenté le 9 mai, mais les Français, maîtres de l'autre rive, n'avaient pu s'y maintenir et avaient repassé la Sambre en désordre.

Kléber et Marceau eussent voulu attendre la coopération de l'armée de la Moselle, commandée par Jourdan, mais l'inflexible volonté des commissaires de la Convention nationale ne permettait pas les retards, et il fallut, quelques jours après, essayer un nouveau passage.

« On forma une division d'avant-garde de neuf bataillons d'élite et de quatre régiments de cavalerie légère pour les deux armées, et l'on en confia le commandement au général Marceau, qui eut sous ses ordres les généraux de brigade Duhesme et d'Hautpoult.

« Le 26 mai cette avant-garde, soutenue de la division Vézu, fut chargée d'attaquer le camp de la Tombe, au-dessus de Marchiennes-au-Pont, tandis que la division Mayer le tournerait par la route de Philippeville à Charleroi, et que celle de Fromentin, après avoir forcé le passage de la Sambre à Lernes, s'emparerait des hauteurs à gauche[1]. »

« On marchait sur Charleroi, et il fallait déboucher d'un bois dans une plaine battue par la mitraille et défendue par une forte ligne de cavalerie. Le général Duhesme, qui commandait l'avant-garde de la division, voyant les grenadiers hésiter à l'aspect d'un danger aussi imminent, descend de cheval, prend le fusil d'un soldat, se met en ligne avec le premier peloton d'un bataillon serré en masse, et le mène ainsi, à travers une nuée de tirailleurs ennemis, jusqu'à une position d'où il pût protéger le débouché du reste de la colonne française. Le combat continua avec acharnement; plusieurs bataillons furent rompus, ralliés de suite par le général Duhesme, qui seconda si bien le général Marceau dans cette journée, que l'ennemi fut obligé d'abandonner le terrain[2]. »

Le lendemain 27 mai l'armée passa la Sambre.

DCXXV.

COMBAT DE MARCHIENNES. — 29 MAI 1794.

PASSAGE DE LA SAMBRE.

DESPINASSY. — 1838.

« Le 29 mai le général Marceau chargea le général Duhesme d'attaquer Marchiennes. Ce poste était d'un difficile accès; les maisons du faubourg de la rive gauche de la Sambre étaient crénelées; de fortes bat-

---

[1] *Histoire des guerres de la révolution*, par Jomini, t. V, p. 106.
[2] *Galerie militaire*, t. III, p. 336.

teries en défendaient les approches. Le général français, ne voulant pas s'exposer à essuyer les mêmes pertes que la veille, fit avancer son artillerie derrière des épaulements mobiles, et la plaça si avantageusement, malgré le feu le plus violent de mousqueterie et de mitraille, qu'en un instant les retranchements des Autrichiens furent ruinés. Sur ces entrefaites, quelques nageurs ayant été enlever des planches sur la rive gauche, l'on travailla à la construction d'un pont. Dès lors les impériaux battirent en retraite. L'avant-garde passa la rivière sans obstacle et fut suivie par la division Fromentin. La première prit position en arrière de Fontaine-l'Évêque, l'autre en arrière de Gosselies, ayant sa gauche à cheval sur la route de Charleroi à Bruxelles.

« De son côté le général Vézu, soutenu de la division Mayer, se dirigea sur Lernes, où il rencontra quelques bataillons autrichiens, qui furent chargés avec succès par les cuirassiers et le seizième de chasseurs. Ces deux généraux prirent position face à Fleurus, appuyant leur droite à la Sambre près du Chatelet[1]. »

DCXXVI.

COMBAT D'HOOGLEDE. — 13 JUIN 1794.

Jollivet. — 1836.

Après le combat de Turcoing, Pichegru était allé mettre le siége devant Ypres. Le prince de Cobourg,

[1] *Histoire des guerres de la révolution*, par Jomini, t. V, p. 106-109.

qui s'était retranché sous les murs de Tournay, et Clerfayt qui était rentré dans son camp de Thielt, s'ébranlèrent l'un et l'autre pour secourir la ville assiégée. Mais pendant que des troupes sorties de Lille arrêtent la marche du prince de Cobourg, Pichegru court à la rencontre du comte de Clerfayt qui s'avançait vers Rousselaer et Hooglède : « Ses mouvements prompts et bien conçus lui fournissaient l'occasion de battre encore Clerfayt isolément. Par malheur, une division s'étant trompée de route, Clerfayt eut le temps de se reporter à son camp de Thielt, après une perte légère. Mais trois jours après (13 juin), renforcé par le détachement qu'il attendait, il se déploya à l'improviste en face des colonnes françaises avec trente mille hommes. Les Français coururent rapidement aux armes; mais la division de droite, attaquée avec une grande impétuosité, se débanda et laissa la division de gauche découverte sur le plateau d'Hooglède. Macdonald commandait cette division; il sut la maintenir contre les attaques réitérées de front et de flanc auxquelles elle fut longtemps exposée. Par cette courageuse résistance, il donna à la brigade Devinthier le temps de le rejoindre, et il obligea alors Clerfayt à se retirer avec une perte considérable. C'était la cinquième fois que Clerfayt, mal secondé, était battu par notre armée du Nord[1]. »

[1] *Histoire de la révolution française*, par M. Thiers, t. VI, p. 593-594.

DCXXVII.

PRISE D'YPRES. — 17 JUIN 1794.

Philippoteaux. — 1836.

Le siége d'Ypres avait été poussé vivement, et le 11 Moreau avait fait sommer le général Salis, qui commandait dans cette place, de la lui rendre. Sur son refus, « le feu recommença avec plus de vigueur, et les travaux furent continués avec une grande activité[1]. »

Le combat d'Hooglède décida du sort d'Ypres, la place, n'étant plus secourue, capitula le 17 juin, et la garnison, forte de six mille hommes, se rendit prisonnière.

DCXXVIII.

COMBAT DE LA CROIX DES BOUQUETS. — 23 JUIN 1794.

PYRÉNÉES OCCIDENTALES.

Renoux. — 1837.

« L'armée des Pyrénées occidentales, réduite, après le départ de ses deux meilleures demi-brigades pour le Roussillon, à moins de vingt mille hommes disponibles, fut renforcée par un nombre à peu près égal de recrues, qui figurèrent au nombre des combattants, mais ne furent en état d'entrer en ligne que dans le courant du mois de juin. Elle comptait alors quarante bataillons, répartis en cinq divisions, aux ordres des

---

[1] *Victoires et conquêtes*, t. III, p. 35.

généraux Moncey, Frégeville, Delaborde, Mauco et Marbot, tenant toutes les têtes des vallées qui conduisent en France, depuis Yeropil aux sources de la Nive, jusqu'à la chaussée de Saint-Jean-de-Luz.

« L'armée espagnole, aux ordres du capitaine général Ventura-Caro, affaiblie par les troupes qu'elle avait envoyées à l'armée du Roussillon, ne comptait pas, dans les premiers jours de février, au delà de vingt mille hommes, dont la moitié de milices. Sa droite, sous le duc d'Ossuna, était appuyée à Burguette; le centre, commandé par le lieutenant général Urrutia, s'étendait dans la vallée du Bastan, et sa gauche, aux ordres du lieutenant général Gil, bordait les rives de la Bidassoa jusqu'au camp de Saint-Martial.

« Le front des deux armées était hérissé de retranchements, que chacune d'elles avait mis sa gloire à perfectionner pendant l'hiver[1]. »

Il ne se passa rien d'important pendant les premiers mois : quelques postes attaqués furent seulement pris et repris de part et d'autre. Les deux armées gardaient toujours les mêmes positions, lorsque le général Muller tenta d'entrer sur le territoire espagnol, et dirigea quelques troupes sur la vallée du Bastan. Le général Caro, de son côté, voulant également prendre l'offensive, ordonna un mouvement général sur toute la ligne.

Attaqués le 23 juin, avant le jour, les Français furent d'abord repoussés, par le général Escalante, de la montagne de Mandale jusqu'au calvaire d'Urrugne;

[1] *Histoire des guerres de la révolution*, par Jomini, t. V, p. 248.

mais, revenus de leur première surprise, ils reprirent bientôt sur l'ennemi les postes qu'ils avaient perdus. Le marquis de la Romana, qui attaquait le camp de la Croix des Bouquets, ne réussit pas davantage. Les grenadiers de la Tour d'Auvergne se maintinrent jusqu'à l'arrivée du général Merle, qui culbuta l'ennemi. Les Espagnols perdirent de sept à huit cents hommes tués ou blessés dans cette affaire.

DCXXIX.

PRISE DE CHARLEROI. — 25 JUIN 1794.

Hipp. Bellangé.

Les Français avaient été pour la troisième fois rejetés sur la rive gauche de la Sambre, lorsque Jourdan, à la tête des armées de la Moselle et des Ardennes, réunies sous le nom d'armée de Sambre-et-Meuse, fit un nouvel et décisif effort contre Charleroi, et, assis dans de fortes positions, poussa le bombardement de cette ville avec une extrême vigueur. Le prince de Cobourg, à cette nouvelle, quitta son camp de Tournay et se mit en marche vers la Sambre. Il importait aux Français de prendre Charleroi avant l'arrivée du secours qu'allait recevoir l'armée autrichienne. « Le colonel du génie Marescot dirigea si vivement les travaux, qu'en huit jours les feux de la place furent éteints et que tout fut préparé pour l'assaut. Le 25 juin le commandant envoya un officier avec une lettre pour parlementer. Saint-Just, toujours représentant auprès de l'armée, refusa d'ouvrir la lettre et renvoya l'officier en disant : « Ce n'est pas « un chiffon de papier, c'est la place qu'il nous faut. » La garnison sortit de la place, le soir même, au moment où le prince de Cobourg arrivait en vue des lignes françaises. La reddition de Charleroi resta ignorée des ennemis, et assura la position de l'armée française à l'instant où allait se livrer une bataille décisive [1]. »

DCXXX.

BATAILLE DE FLEURUS. — 26 JUIN 1794.

MAUZAISSE. — 1837.

DCXXXI.

BATAILLE DE FLEURUS. — 26 JUIN 1794.

BELLANGÉ. — 1836.

Les deux armées du prince de Cobourg et du prince d'Orange, réunies au nombre d'environ quatre-vingt mille hommes, présentèrent dès le lendemain la bataille à l'armée française. Jourdan, dont l'armée atteignait à peu près le même nombre, attendit l'ennemi dans les positions qu'il avait prises sous les murs de Charleroi, et ses lignes, ordonnées pour l'attaque d'une place, présentaient extérieurement un front demi-circulaire.

« La prise de Charleroi rendant la division Hatry disponible, Jourdan la plaça en réserve à Ransart, et fit

[1] *Histoire de la révolution française*, par M. Thiers, t. VI, p. 398.

renforcer sa gauche par la brigade Daurier, que Schérer consentit à détacher à cet effet. Son intention était aussi de resserrer sa ligne et de porter sa gauche derrière le Piéton, en abandonnant les hauteurs de Courcelles, moins nécessaires depuis que Charleroi assurait un point de retraite au centre. Mais n'ayant pas eu le temps de faire lever les pontons qui étaient sur la Sambre, ni d'abriter le parc de réserve qui se trouvait à Montigny, il laissa la division Montaigu sur les hauteurs de Courcelles, avec l'instruction d'opérer sa retraite en deux colonnes sur Lernes et le pont de Marchiennes; puis il établit Kléber en réserve sur le plateau de Jumel [1]. »

Le prince de Cobourg forma ses troupes en cinq corps, divisés en neuf colonnes, qui furent disposées sur un demi-cercle intérieur, de manière à embrasser toute l'étendue de la ligne de l'armée française; toutes devaient attaquer en même temps. Le premier corps à droite, sous les ordres du prince d'Orange et du général Latour, formait trois colonnes. Le second corps était commandé par le général Quasdanowich. Le troisième corps placé au centre, dirigé par le prince de Kaunitz, devait lier ses opérations avec le quatrième corps, sous les ordres de l'archiduc Charles, et marcher sur Fleurus. Enfin le corps de gauche, sous Beaulieu, divisé en trois colonnes, devait agir sur Charleroi.

L'action s'engagea le 26 juin, à la pointe du jour. Conformément aux ordres du prince de Cobourg, les

[1] *Histoire des guerres de la révolution*, par Jomini, t. V, p. 136.

lignes françaises furent attaquées sur tous les points. Le prince d'Orange et le général Latour, par l'impétuosité de leur charge, firent d'abord reculer l'aile gauche, sous les ordres de Kléber, jusqu'à Marchiennes-au-Pont, sur les bords de la Sambre. Mais, avec la rapidité de son coup d'œil et son sang-froid héroïque, Kléber eut bientôt rétabli l'action : il poste des batteries sur les hauteurs, enveloppe les Autrichiens dans le bois de Monceaux, et les fait attaquer en tous sens. Ceux-ci, qui s'aperçoivent alors que Charleroi est aux mains des Français, hésitent, et, chargés avec vigueur, finissent par abandonner en désordre Marchiennes-au-Pont.

Tandis que Kléber sauvait ainsi une des extrémités, Jourdan en faisait autant au centre et à la droite. Morlot, qui était en avant de Gosselies, avait été tourné par Quasdanowich; Championnet, trompé par un faux avis, avait abandonné la redoute d'Heppignies, et la division de Marceau, repoussée par Beaulieu, s'était dispersée dans les bois qui bordent la Sambre : une partie même des fuyards s'étaient jetés sur l'autre rive. Marceau, sans songer au reste de la division fugitive, ramassa quelques bataillons, et s'établit à Lambusart pour y mourir plutôt que d'abandonner ce poste, appui indispensable de l'extrême droite.

C'est alors que Jourdan envoya le général Hatry avec sa division pour soutenir Marceau, et Lefebvre, qui s'était joint à lui, dans le village de Lambusart, devenu le point décisif de la bataille.

Trois fois les troupes revinrent à la charge. « La dernière attaque fut la plus meurtrière; l'artillerie tirait si vivement de part et d'autre, qu'on ne distinguait plus les coups. Les obus enflammèrent les blés et les baraques du camp. Le général Lefebvre mit à profit cette circonstance pour dérober un mouvement à Beaulieu. Il prescrivit à la seconde ligne de se former à sa droite en colonne d'attaque et de marcher sur Lambusart. Pareil ordre fut donné aux corps qui formèrent le crochet dont on a fait mention. Ces derniers abordèrent le village par sa droite, tandis que les autres l'attaquaient de front. Un tel effort devait avoir des résultats d'autant plus certains, que le surplus de la division Hatry s'avançait de Ransart pour prendre part à ce combat. Cependant les impériaux, quoique surpris par cette double attaque, firent une honorable résistance et n'abandonnèrent le poste qu'après l'avoir jonché de cadavres. »

Il fallait aussi rétablir le combat au centre, où Championnet avait commencé un mouvement de retraite qui pouvait être fatal à l'armée tout entière.

« Déjà la grande redoute était désarmée, et la division en pleine retraite sous la protection de la brigade Legrand, qui tenait encore le cimetière, lorsque le général en chef arrêta ce mouvement rétrograde, qui pouvait avoir des conséquences si funestes.

« Les tirailleurs autrichiens s'étaient déjà emparés des haies et des jardins qui environnent Heppignies. Leur corps de bataille, s'avançant sur deux lignes avec plus d'aplomb que de vigueur, les en laissa chasser. Bientôt même le feu de la grande redoute et de l'artillerie légère porta la mort et le désordre dans ses rangs.

« Jourdan ordonna alors une charge de cavalerie; la première ligne autrichienne ne put résister : elle est enfoncée; l'infanterie n'a que le temps de se former en carrés, et plus de cinquante pièces de canon restent abandonnées; mais cette colonne, résultat du hasard, se trouvant un peu en désordre et n'étant point appuyée par une réserve, le prince de Lambesc l'assaille à son tour avec les carabiniers et les cuirassiers impériaux, et parvient à reprendre son artillerie. Cette charge, qui eut lieu vers sept heures, fut le dernier effort des coalisés [1]. »

En effet, Beaulieu venait d'apprendre sur la Sambre ce que le prince d'Orange y avait appris déjà, que Charleroi était aux mains de l'armée française. Le prince de Cobourg commanda alors un mouvement de retraite général. La bataille de Fleurus coûta à l'ennemi dix mille hommes tués, et trois mille prisonniers. La perte de l'armée française ne passa pas six mille hommes.

Les coalisés, laissant la Belgique ouverte de toute part aux armes françaises, se replièrent sur Bruxelles, qu'ils ne tardèrent pas à évacuer. Le 10 juillet les armées du Nord et de Sambre-et-Meuse, au nombre de cent cinquante mille hommes, se trouvèrent réunies sous les murs de cette capitale. Jourdan et Pichegru y entrèrent en même temps.

[1] *Histoire des guerres de la révolution*, par Jomini, t. V, p. 145 et suiv.

DCXXXII.

PRISE D'ANVERS. — 17 JUILLET 1794.

CAMINADE. — 1837.

« Trois mille hommes de troupes ennemies occupaient encore le fort de Lillo, et Pichegru, dans son rapport, assure qu'il s'attendait à une vigoureuse résistance de leur part. Mais à peine eut-il fait filer son avant-garde sous les murs de la place et sommé le commandant de la garnison d'évacuer le fort, que les Anglais commencèrent à opérer leur retraite, et au point du jour la ville d'Anvers était entièrement libre. Les ennemis, en se retirant, avaient rompu l'une des digues de l'Escaut, et cette rupture avait suffi pour inonder un espace de terrain de plus de trois lieues de circonférence. Mais cet obstacle, fut bientôt franchi par les Français, qui entrèrent aussitôt dans la place, en prirent possession et s'emparèrent de trente pièces d'artillerie, de soixante mille sacs d'avoine, et d'une grande quantité de vivres et de munitions que les Anglais n'avaient pas eu le temps d'emporter[1]. »

[1] *Victoires et conquêtes*, t. IX, p. 103.

DCXXXIII.

REPRISE DE BELLEGARDE. — 17 SEPTEMBRE 1794.

Renoux. — 1837.

Aussitôt après le combat du camp du Boulou, le général Dugommier, profitant des avantages qu'il avait remportés, s'empressa de se porter devant Bellegarde, qu'il fit investir. Le général la Union tenta plusieurs fois de secourir cette place; mais toutes ses tentatives échouèrent. Enfin, réduite par la famine, elle se rendit le 17 septembre, après un blocus de cent trente-quatre jours.

DCXXXIV.

COMBAT D'ALDENHOVEN; PRISE DE JULIERS ET PASSAGE DE LA ROER. — 2 OCTOBRE 1794.

Mozin. — 1837.

Lorsque le prince de Cobourg quitta le commandement de l'armée coalisée, le 28 août 1794, pour le remettre au comte de Clerfayt, l'armée de Sambre-et-Meuse, qui lui était opposée, sous les ordres de Jourdan, se trouvait entre Liége et Maëstricht, tandis que Pichegru, à la tête de l'armée du Nord, observait en avant d'Anvers le duc d'York. Pendant quelque temps les deux armées se contentèrent de s'affermir dans leurs conquêtes; mais, étant parvenues à s'emparer des places restées en arrière et qui pouvaient interrompre leurs communications, elles continuèrent bientôt à se porter en avant à la poursuite de l'ennemi. Quelques avantages remportés le 18 septembre au passage de la rivière d'Ayvaille et à la Chartreuse avaient donné au soldat une ardeur dont Jourdan désirait ardemment de profiter. En faisant occuper la ville d'Aix-la-Chapelle, que le comte de Clerfayt avait évacuée, le général en chef de l'armée de Sambre-et-Meuse avait en même temps détaché Kléber, avec quatre divisions de l'aile gauche, pour investir Maëstricht.

« Carnot, ministre de la guerre, attachait, dit Jomini, la plus grande importance aux places, et surtout à celle de Maëstricht : il avait fait envoyer le représentant Bellegarde pour en presser la conquête au nom du comité de salut public. Mais Clerfayt se disposant, contre l'attente de Jourdan, à défendre la ligne de la Roer, le général en chef prit sur lui d'ajourner le siège de cette place, malgré les instances de ce commissaire, et résolut sagement de ne laisser que quinze mille hommes au blocus, d'attirer à lui le reste du corps de Kléber, et d'éloigner à jamais, par une bataille décisive, l'ennemi des bords de la Meuse. »

Ayant ainsi réuni toutes ses forces, Jourdan, le 2 octobre, à cinq heures du matin, ordonna à l'armée de s'ébranler en colonnes serrées par brigades. L'aile droite, commandée par Schérer, ayant avec lui le général Marceau, enleva à la baïonnette les retranchements autrichiens, tandis que l'aile gauche, où se trouvaient les chefs de brigade Ney et Bernadotte, sous les ordres du général Kléber, repoussant l'ennemi de toutes ses positions, le força à battre en retraite.

« Au centre de l'armée l'attaque commença un peu avant celle des ailes. Clerfayt, ayant rassemblé une partie de ses forces autour et dans le bourg d'Aldenhoven, et paraissant vouloir s'y défendre, le général Championnet l'en fit chasser par les tirailleurs de la cinquante-neuvième demi-brigade.

« Cependant le centre des Autrichiens voyant son flanc droit menacé par la division Lefebvre, qui faisait mine de passer à Linnich, et craignant que Hatry n'exécutât son mouvement vers Altrop contre sa gauche, prit le parti d'abandonner le plateau d'Aldenhoven, et fut poursuivi par la cavalerie française jusque sur les glacis de Juliers.

« Sur toute la ligne le combat dura jusqu'à la fin du jour. On travailla pendant toute la nuit à construire des ponts, et le gros du corps de Kléber ne passa qu'au jour. L'affaire coûta aux Français de quatorze à quinze cents hommes : ils firent à l'ennemi huit cents prisonniers et lui mirent près de trois mille hommes hors de combat.

« Tel fut le résultat de la bataille sur la Roer, qui décida du sort de la Belgique, et rejeta l'armée impériale sur la rive droite du Rhin.

« La nuit qui suivit la bataille fut très-tranquille. Le 23 octobre, à la pointe du jour, les généraux se portèrent devant Juliers avec l'avant-garde, et on trouva la

DU PALAIS DE VERSAILLES.   259

place évacuée; Clerfayt, décidé à repasser le Rhin, n'ayant pas cru devoir y compromettre une garnison, les magistrats en apportèrent les clefs au vainqueur[1]. »

DCXXXV.

COMBAT DE LA PRUDENTE ET DE LA CYBÈLE CONTRE DEUX VAISSEAUX ANGLAIS. — 22 OCTOBRE 1794.

GUDIN.

Deux vaisseaux de ligne anglais, *le Centurion* et *le Diomède*, croisaient sur les côtes de l'Ile-de-France; les subsistances commençaient à être rares, et dans le conseil il fut décidé que la division française, composée de deux frégates, *la Prudente* et *la Cybèle* et du brick *le Coureur*, iraient attaquer les deux vaisseaux ennemis, pour tâcher de les forcer à la retraite.

Malgré l'effrayante disproportion entre les forces navales de la république et celles de l'ennemi, l'intrépide Renaud, commandant la division française, reçoit avec joie l'ordre d'aller combattre, et jure de périr ou de forcer les deux vaisseaux à s'éloigner des côtes. Les équipages partagent l'enthousiasme de leur chef, et le 1ᵉʳ brumaire (22 octobre) on appareille aux cris mille fois répétés de *vive la république! mort aux Anglais!* Tout présage en ce moment, sinon un succès complet, au moins une lutte opiniâtre et glorieuse. Bientôt l'on découvre les deux vaisseaux ennemis au vent, à environ

[1] *Histoire des guerres de la révolution*, par Jomini, t. VI, p. 33-43.

huit lieues de la côte, et à trois heures et demie on se trouve à un quart de portée de canon de ces vaisseaux ; *la Prudente* par le travers du *Centurion*, et *la Cybèle* par le travers du *Diomède*. Alors commence un combat terrible, où, pour racheter la faiblesse de nos bâtiments, et pour remplir le but proposé de faire aux vaisseaux anglais des avaries telles qu'ils soient contraints de s'éloigner de l'île pour aller se réparer, nos canonniers s'attachent peu à tuer du monde à l'ennemi ; ils pointent au contraire tous leurs coups, en rivalisant d'adresse, les uns sur les mâts et les vergues du vaisseau qu'ils ont par le travers, d'autres sur son gouvernail, d'autres enfin sur un même point de sa coque au-dessous de la flottaison, pour le percer à l'eau. Malgré cette habile manœuvre, le combat était par trop inégal, et après une heure du feu le plus nourri et le mieux dirigé, les frégates se trouvant elles-mêmes un peu maltraitées dans leurs agrès, le commandant, dont le guidon est déployé à bord de *la Prudente*, fait forcer de voiles à cette frégate, en hissant le signal de s'éloigner de l'ennemi, pour s'assurer le temps de se regréer, afin de revirer de bord ensuite, et tâcher de gagner le vent aux vaisseaux. *La Cybèle*, qui a le plus souffert dans son gréement, tente vainement d'obéir à cet ordre : elle ne peut réussir à dépasser *le Centurion*. C'est également en vain que le commandant lui fait alors le signal de laisser arriver, en faisant cette manœuvre lui-même ; couverte par le feu et la fumée de trois bâtiments, elle ne l'aperçoit pas, et d'ailleurs son capitaine sent bien toute l'imprudence qu'il y aurait à exécuter ce mouvement, qui lui ferait présenter l'arrière à l'ennemi, dont les boulets enfileraient sa batterie. Elle se voit donc obligée de continuer seule le combat le plus périlleux, car la retraite de *la Prudente* la laisse aux prises avec les deux vaisseaux, dont l'un la canonne par la hanche, tandis que l'autre la foudroie par le travers. Pendant assez longtemps elle essuie tout leur feu, auquel elle riposte de la manière la plus vigoureuse ; soutenue par le petit brick, qui la seconde avec une audace d'autant plus admirable, qu'une seule volée du *Diomède*, qu'il a osé approcher, le coulerait à fond ; mais sa petitesse même le dérobe aux coups, et le bon état de son gréement lui permet de prendre une position avantageuse pour faire du mal à l'ennemi, sans courir beaucoup de danger. Enfin, *le Centurion*, démâté de ses mâts, démonté de son gouvernail et faisant eau de toutes parts, quitte la ligne. *La Cybèle* peut alors effectuer son mouvement d'arrivée et force de voiles. En vain *le Diomède* veut lui donner la chasse, en lui tirant quelques volées ; il est trop désemparé pour pouvoir la suivre, et bientôt ses boulets n'arrivent plus à bord ; en ce moment *la Prudente*, qui avait viré pour retourner au feu, rejoint *la Cybèle*, lui donne la remorque, et la division rentre triomphante dans le port, aux acclamations de tous les colons qui couvraient le rivage. Dans l'action de *la Cybèle* il y eut vingt-deux hommes tués et soixante-deux blessés ; *la Prudente* eut quinze hommes tués et vingt-huit blessés ; *le Coureur*, un homme tué et cinq blessés. Le brave commandant Renaud fut renversé de son banc de quart, et reçut quelques blessures, heureusement fort légères.

Le résultat de cette brillante affaire fut tel qu'on l'avait eu en vue, sans cependant oser trop se flatter de pouvoir l'obtenir ; les vaisseaux anglais disparurent ; les subsistances attendues arrivèrent, et tous les corsaires qui étaient en mer firent leur rentrée, amenant dans le port quantité de prises richement chargées.

DCXXXVI.

COMBAT ET PRISE DE COBLENTZ. — 23 OCTOBRE 1794.

Raffet. — 1837.

« L'armée impériale, dit Jomini, constamment battue et menacée d'être prévenue à Coblentz et à Cologne, ne se crut en sûreté qu'au delà du Rhin, et repassa ce fleuve à Mulheim, le 5 octobre, après avoir encore sacrifié trois mille hommes dans les champs de Juliers. »

Le général Jourdan, en se mettant à la poursuite de l'ennemi après la bataille d'Aldenhoven, avait divisé son armée en trois grandes colonnes : la première se porta sur Bonn, dont les portes lui furent ouvertes le 20; lui-même, à la tête de la seconde, entra le 6 à Cologne, où il fut accueilli avec enthousiasme par les habitants.

Marceau, pendant ce temps, avec la troisième colonne, se dirigeait sur Coblentz. Cette ville était défendue par une forte division autrichienne campée hors des murs et occupant, sur les hauteurs, des redoutes très-fortes. N'ayant pu attirer l'ennemi en plaine, Marceau fit attaquer les redoutes.

« Les nombreuses décharges de l'artillerie ennemie ne purent défendre l'entrée des retranchements. Ils furent emportés en un moment, à la baïonnette, et les Autrichiens abandonnèrent leur position dans le plus grand désordre, pour passer sur la rive droite du Rhin, en laissant un grand nombre de morts et de blessés sur le champ de bataille, et environ cinq à six cents prisonniers dans les mains des Français. Ceux-ci entrèrent dans Coblentz le 23 octobre[1]. »

DCXXXVII.

PRISE DE MAESTRICHT. — 4 NOVEMBRE 1794.

EUG. LAMI. — 1836.

« Le général Kléber retourna devant Maëstricht avec les troupes qui avaient contribué à la victoire. Cette place avait été investie immédiatement après le combat de l'Ourthe; mais rien de ce qu'il faut pour un siége n'était prêt à cette époque. Le comité en avait cependant prescrit l'envoi, et le représentant Gillet partit en poste pour le presser. Grâce à son activité et à ses soins, un bel équipage de deux cents pièces descendant la Meuse arriva le 23 octobre. Les travaux furent dès lors poussés, tant du côté du fort Saint-Pierre que de Vick, avec l'activité qui distinguait Kléber et Marescot. L'artillerie

[1] *Victoires et conquêtes*, t. III, p. 194.

française, servie avec habileté, fit des merveilles : une grêle de bombes et autres projectiles fut lancée sur cette ville et en réduisit une partie en cendres. Le prince de Hesse, apitoyé sur le sort de ses habitants, désespérant d'obtenir aucun secours, consentit le 4 novembre à rendre la place et à déposer les armes, à condition que sa garnison, forte de huit mille hommes, serait renvoyée sur parole jusqu'à parfait échange. On trouva dans la place trois cent cinquante et une bouches à feu [1]. »

DCXXXVIII.

ATTAQUE DES LIGNES DE L'ARMÉE ESPAGNOLE. — 17 NOVEMBRE 1794.

BATAILLE DE LA MUGA.

Grenier. — 1837.

Après la reddition de Bellegarde, les armées française et espagnole restèrent en présence et sans rien entreprendre jusque vers la moitié du mois de novembre. C'est alors que le général Dugommier résolut une attaque générale sur toute la ligne.

Cette entreprise présentait de grandes difficultés; l'armée espagnole était parfaitement retranchée. « Soixante et dix-sept redoutes ou batteries armées de deux cent cinquante pièces et disposées sur une double ligne, depuis Espolla au pied du col de Bagnols, par Campmani, jusqu'à Saint-Laurent-de-la-Muga, présentaient toutefois un front d'autant plus redoutable, qu'elles avaient un

---

[1] *Histoire des guerres de la révolution*, par Jomini, t. VI, p. 44.

profil assez élevé et semblaient à l'abri de l'attaque la plus audacieuse. Le camp retranché de Figuères, en cas de malheur, offrait encore un dernier refuge.

« Dans la nuit du 16 au 17 novembre les colonnes s'ébranlèrent, et, avant l'aube du jour, les batteries de gros calibre, placées sur la Montagne-Noire, commencèrent à jouer pour protéger la marche de la division de gauche.

« A l'extrémité opposée, le général Davin, parti de Coustonge, ayant forcé successivement les postes de Notre-Dame del Fau, des chapelles de Carbonils et de Saint-Georges, parvint, après dix-huit heures de marche et de combat dans les rochers, à opérer sa jonction avec le général Augereau, en débouchant près de la chapelle de la Madeleine. Celui-ci, filant à la faveur de l'obscurité, entre la fonderie de la Muga et Massanet, tourne les camps de l'ennemi, égorge le poste de la Muga à Saint-Sébastien, et gravit audacieusement la montagne, qui lui est disputée par une fusillade assez vive. Les troupes redoublent d'ardeur; la Madeleine est enfin emportée; les colonnes réunies se dirigent sur le Roc-Blanc. »

Mais les succès de l'armée française n'étaient pas les mêmes sur toute la ligne. Au centre, elle éprouvait la plus grande résistance; à la gauche, repoussée sur plusieurs points, elle avait même perdu quelques positions, et Dugommier, qui s'était transporté aux batteries de la Montagne-Noire pour encourager les troupes par sa présence, y avait été tué par un éclat d'obus à dix heures du matin. Cependant Pérignon, investi du commandement supérieur par les représentants, rallia bientôt les bataillons ébranlés, et fit rentrer, avant la fin de la journée, la gauche et le centre dans toutes les positions dont elles avaient été repoussées par les Espagnols. Augereau, plus heureux à la droite, continuait ses attaques.

« La grande redoute établie pour couvrir la fonderie, défendue par douze cents hommes, opposait à la colonne de Guyeux une résistance que celle-ci ne pouvait vaincre.

« Le général Beaufort reçut l'ordre de la seconder, et d'attaquer ce formidable ouvrage de front, en même temps qu'il serait tourné par les chasseurs. Les Espagnols cédèrent enfin à un effort si bien combiné; Courten rallia les débris de la division entre Escaulas et Figuères, abandonnant cinq redoutes, son artillerie, ses effets de campement et douze cents prisonniers [1]. »

DCXXXIX.

ATTAQUE DES LIGNES DE L'ARMÉE ESPAGNOLE. — 20 NOVEMBRE 1794.

COMBAT DE NOTRE-DAME DEL BOUR ET LLERS.

RENOUX. — 1836.

Le général Pérignon, voulant continuer le mouvement ordonné par Dugommier, prit de nouvelles dispositions, et pendant que le comte de la Union, à Figuères, arrêtait aussi de son côté des mesures pour

[1] *Histoire des guerres de la révolution*, par Jomini, t. VI, p. 125-130.

reprendre l'offensive, il sut le prévenir et attaqua de nouveau les lignes espagnoles.

« Le 20 novembre l'adjudant général Bon avec ses chasseurs défila par des sentiers pour ainsi dire impraticables, passa plusieurs fois la Muga dans l'eau jusqu'à la ceinture, gravit la montagne d'Escaulas sous le feu terrible des batteries espagnoles, et enleva à la baïonnette la fameuse redoute du centre. L'intrépide Bon, de concert avec le général Guillot, appuyé de la brigade Guyeux, comme réserve, s'élança sur la redoute de Notre-Dame del Rour, revêtue en maçonnerie, armée de vingt-cinq pièces de canon, et défendue par des détachements aux ordres de Cagigal et de Godoy. Le comte de la Union, apprenant à Figuères que l'action était engagée sur toute sa ligne, accourut en toute hâte à la redoute del Rour, au moment où elle était ainsi assaillie. Voulant faire une sortie sur les Français, il tomba frappé d'une balle, et ses troupes, découragées par cet événement autant que par ce qui se passait à la gauche, et par l'audace des assaillants, prirent en désordre le chemin de Figuères.

« Pendant ce temps la colonne de Verdier et de Chabert aborda le camp de Llers à la baïonnette, mit en fuite les brigades Perlasca et Puerto qui le défendaient, et leur laissa à peine le temps d'enclouer l'artillerie. En vain un corps considérable venant de Figuères voulut rétablir le combat ; entraîné par les fuyards, il fut refoulé dans la place et y entra pêle-mêle avec eux. »

La déroute et la confusion furent portées au comble

dans l'armée espagnole, privée de chef pendant plusieurs heures, et la journée du 20 novembre ouvrit les portes de l'Espagne à l'armée française. Le lendemain de la bataille elle campa « à la vue de Figuères. Augereau appuya sa droite à la Madeleine et sa gauche à Pont de Molins. Un corps considérable de sa division, établi à Villa-Franca, coupa les communications de cette forteresse avec les débris de l'armée battue. Le général Beaufort, commandant le centre, couvrit le pont de Ricardel et la grande route; Sauret prit poste à Saint-Clémente. La brigade Victor s'avança vers la côte entre Llanca et Cadaquès, puis occupa les hauteurs qui dominent Roses.[1] »

DCXL.

PRISE DE L'ILE DE BOMMEL. — 28 DÉCEMBRE 1794.

Mozin. — 1837.

L'armée du Nord, dans son rapide mouvement d'invasion, était arrivée sur le Wahal, en face de l'île de Bommel. A partir de Grave sur la Meuse et de Nimègue sur le Wahal, les deux fleuves coulent vers la mer presque parallèlement, se joignent un moment au-dessous de Thiel, se séparent de nouveau et se réunissent un peu au-dessus de Gorcum. Le terrain qu'elles renferment pendant leur séparation est ce qu'on appelle l'île de Bommel. Cette île prise, la Hollande était ouverte à l'invasion. Pendant que Pichegru, atteint de la maladie,

[1] *Histoire des guerres de la révolution*, par Jomini, t. VI, p. 133-138.

comme ses soldats, se donnait à Bruxelles quelques soins nécessaires, Moreau et Reynier le remplaçaient dans le commandement; tous deux conseillaient le repos et les quartiers d'hiver. Mais le général Daendels, réfugié hollandais, proposait avec instance une première tentative sur l'île de Bommel. Cette tentative n'ayant pas réussi, on donna à l'armée les quartiers d'hiver dont elle avait tant besoin..... Mais un hasard presque miraculeux lui réservait de nouvelles destinées : « Le froid avait déjà commencé à être très-vif; bientôt il augmenta jusqu'à faire espérer que peut-être les grands fleuves seraient gelés. Pichegru quitta Bruxelles et n'acheva pas de se faire guérir, afin d'être prêt à saisir l'occasion de nouvelles conquêtes, si la saison la lui offrait. En effet, l'hiver devint bientôt plus rude et s'annonça comme le plus rigoureux du siècle. Déjà la Meuse et le Wahal charriaient, et leurs bords étaient pris. Le 3 nivôse (23 décembre) la Meuse fut entièrement gelée, et de manière à pouvoir porter du canon.

« Pichegru, profitant de l'occasion que lui offrait la fortune de surmonter des obstacles ordinairement invincibles, se prépara à franchir la Meuse sur la glace. Il se disposa à la passer sur trois points et à s'emparer de l'île de Bommel, tandis que la division qui bloquait Breda attaquerait les lignes qui entouraient cette place. Ces braves Français, exposés presque sans vêtements au plus rude hiver du siècle, marchant avec des souliers auxquels il ne restait que l'empeigne, sortirent aussitôt de leurs quartiers, et renoncèrent gaiement au repos dont ils commençaient à peine de jouir. Le 8 nivôse (28 décembre), par un froid de dix-sept degrés, ils se présentèrent sur trois points, à Crèvecœur, Empel et le fort Saint-André ; ils franchirent la glace avec leur artillerie, surprirent les Hollandais presque engourdis par le froid, et les défirent complétement.

« Pichegru, maître de l'île de Bommel, dans laquelle il avait pénétré en passant sur les glaces de la Meuse, franchit le Wahal sur différents points, mais n'osa pas s'aventurer au delà du fleuve, la glace n'étant pas assez forte pour porter du canon[1]. »

DCXLI.

LA CAVALERIE FRANÇAISE PREND LA FLOTTE BATAVE ARRÊTÉE PAR LES GLACES DANS LES EAUX DU TEXEL. — 21 JANVIER 1795.

Mozin. — 1836.

Après l'occupation de l'île de Bommel, le général Pichegru fut bientôt maître de toute la Hollande. Il passa le Wahal, et en quelques jours ses troupes occupèrent les villes de Nimègue, Dordrecht, la Haye et Utrecht. Le 20 janvier l'armée française entra à Amsterdam.

« Pichegru, dit Jomini, avait envoyé dans la Nord-Hollande des détachements de cavalerie et d'artillerie légère, avec ordre de traverser le Texel, de s'approcher des vaisseaux de guerre hollandais qu'il savait être à

[1] *Histoire de la révolution française*, par M. Thiers, t. VII, p. 181-183.

l'ancre et de s'en emparer. C'était la première fois qu'on imaginait de prendre une flotte avec des hussards : cependant cette tentative réussit au delà de toute espérance. »

Le chef de bataillon Lahure, commandant l'avant-garde de la brigade du général Salvi, à la tête d'un escadron du huitième de hussards, de deux pièces d'artillerie légère, des troisième et cinquième bataillons francs, se dirigeant à marches forcées sur Harlem, arriva à Alkmaer, où il apprit que la flotte hollandaise était retenue dans les glaces en face du Helder. Il partit le soir, après avoir fait prendre à chacun de ses hussards un tirailleur en croupe, arriva dans les dunes avant le jour, ordonna aussitôt toutes ses dispositions, et aborda sur la glace les vaisseaux surpris, qui ne firent qu'un vain semblant de résistance. Toute la flotte hollandaise tomba ainsi au pouvoir de la république.

DCXLII.

PRISE DE ROSES. — 3 FÉVRIER 1795.

. . . .

Le général Pérignon avait fait occuper les hauteurs qui dominent la ville de Roses, et à la fin du mois de novembre 1794 il avait commencé à établir ses cantonnements autour de la place.

Cette ville n'avait jamais été assiégée jusqu'alors sans une flotte qui secondât les opérations de l'armée de terre. Cette ressource manquait au chef de l'armée des Pyrénées orientales; mais, selon le langage des rapports du temps, « Pérignon connaissait toute l'intrépidité des soldats qu'il commandait, et il n'hésita point à entreprendre un siége qui eût paru à d'autres d'une exécution impossible. »

Les rigueurs de l'hiver, pas plus que la résistance acharnée des assiégés, ne ralentirent un instant les travaux. On était au 31 janvier 1795 : les officiers du génie avaient déclaré « qu'ils ne pouvaient continuer les travaux du siége si les retranchements n'étaient pas emportés. « Qu'on se prépare donc ! dit le général Pérignon ; « je serai demain à la tête de mes grenadiers. »

« Le lendemain, à cinq heures du matin, la colonne de grenadiers, leur général à leur tête, sort de la tranchée ; à huit heures, tous les retranchements en avant de la place étaient enlevés, malgré la plus vive résistance et le feu le plus meurtrier. »

Le 3 février la place capitula. Roses tomba au pouvoir des Français après soixante et dix jours de siége.

« La place de Roses, dit-on dans le rapport, tira sur les assiégeants treize mille six cent trente-trois boulets, trois mille six cent deux bombes et mille deux cent quatre-vingt-dix-sept obus. Les chaloupes canonnières ou bombardes lancèrent quatre mille sept cent soixante et dix-sept boulets, deux mille sept cent trente-six bombes et deux mille quatre cent quatre-vingts obus ou grenades. On estime à quarante mille les boulets, bombes ou grenades, envoyés par les assiégeants.

« A la lecture du rapport du siége de Roses, la Convention, sur la proposition de Cambacérès, membre du comité de salut public, décréta que l'armée des Pyrénées orientales ne cessait pas de bien mériter de la patrie [1]. »

DCXLIII.

PRISE DE LUXEMBOURG. — 12 JUIN 1795.

RENOUX. — 1837.

De toutes les villes de la rive gauche du Rhin, Luxembourg et Mayence étaient les seules qui ne fussent pas tombées au pouvoir des armées françaises. Luxembourg avait été investi dans les derniers jours du mois de novembre 1794. Le feld-maréchal baron de Bender y commandait, et n'avait pas moins de quinze mille hommes sous ses ordres.

Cette nombreuse garnison, jointe à la force de la place et à l'immense matériel qu'elle renfermait, promettait qu'elle opposerait une longue résistance. L'armée française, au contraire, manquait de tout, comme c'était alors le sort de toutes les armées de la république.

Moreau, qui la commandait, avait fait inutilement sommer la place de se rendre. On lui donna, au mois de mars 1795, le général Hatry pour successeur.

« Dans les derniers jours d'avril, le général Hatry, averti par plusieurs déserteurs que les assiégés commençaient à souffrir beaucoup dans la place, se décida à

[1] *Victoires et conquêtes*, t. IV, p. 33-42.

renouveler au gouverneur la sommation que lui avait déjà faite le général Moreau. Mais, sur la réponse également négative du feld-maréchal Bender, le général français ordonna aussitôt de mettre à exécution les menaces qu'il avait faites de brûler la place. En conséquence, il donna les ordres nécessaires pour qu'il fût construit sur une hauteur boisée, située vis-à-vis et à une petite distance du fort Saint-Charles, une batterie blindée, qui devait être armée d'un grand nombre de mortiers.

« On mit à la construction de cette batterie une telle activité, que peu de jours suffirent pour qu'elle fût en état de foudroyer la place. »

Le gouverneur tenta plusieurs sorties pour détruire les ouvrages des assiégeants, et n'ayant pu y parvenir, « les habitants, effrayés et craignant déjà de voir leurs maisons réduites en cendres et eux-mêmes écrasés sous leurs débris, s'assemblèrent tumultueusement autour du Gouvernement, et demandèrent à grands cris qu'on épargnât à leur ville les horreurs d'un bombardement en consentant une capitulation.

« Le feld-maréchal Bender, gagné enfin par leurs sollicitations, et d'ailleurs désespérant plus que jamais de se voir délivré par l'arrivée de quelques secours, se décida à capituler. Le 1er juin il envoya au général Hatry un parlementaire chargé de lui demander à entrer en accommodement, et, par une circonstance qui nous paraît digne d'être remarquée, c'était aussi le 1er juin 1684 que cette même place de Luxembourg, assiégée par le maréchal de Créqui, demanda à entrer en capitulation.

« Le général de division Hatry rendait compte de son importante conquête dans une lettre datée de son quartier général d'Itzig, le 13 juin. Il disait : « Enfin elle est « à la république cette première forteresse de l'Europe, « et la dernière colonne autrichienne l'a évacuée hier 12, « à cinq heures du matin. Je vous envoie vingt-quatre « drapeaux et un étendard, que l'adjudant général Char-« pentier vous remettra. Je ne puis assez faire l'éloge des « troupes dont le commandement m'est confié : officiers « et soldats, tous y ont mis le plus grand dévouement, « et, malgré le feu continuel des plus vifs et de toute es-« pèce que la place faisait jour et nuit, soit sur les tra-« vailleurs, soit sur les différents camps, jamais les tra-« vaux n'ont été ralentis un seul instant[1]. »

DCXLIV.

ENTRÉE DE L'ARMÉE FRANÇAISE A BILBAO. — 23 JUILLET 1795.

RENOUX.

L'armée des Pyrénées occidentales, après la campagne de 1794, avait pris ses quartiers d'hiver sur le territoire espagnol.

Elle devait l'année suivante se porter en avant et tenter l'invasion. Tout était ordonné pour ce mouvement décisif, et le général Moncey n'attendait pour se mettre en marche que les renforts qui lui étaient annoncés. Leur tardive arrivée, en le condamnant à l'inac-

[1] *Victoires et conquêtes*, t. X, p. 147-151.

tion pendant les mois de mai et de juin, accrédita dans l'armée française les bruits de paix qui commençaient à s'y répandre. L'armée espagnole, de son côté, se tenait en observation.

« L'aile gauche de l'armée du prince de Castel-Franco occupait, sous le lieutenant général Crespo, les bords de la Déba, depuis Bergara jusqu'à son embouchure; l'aile de Crespo se liait d'assez loin avec le centre aux ordres du lieutenant général Filangiéri; leur jonction avait lieu au port de Lecumbery, que traverse la route de Tolosa à Pampelune [1]. »

Enfin, le 25 juin, la première colonne dirigée de l'intérieur ayant rejoint l'armée des Pyrénées occidentales, ses bataillons se mirent en mouvement. Dans un combat du 6 juillet, à Irurzun, le général Moncey parvint à séparer l'armée espagnole. Le 12 il défit complétement le général Crespo, et prit position, le 13, à Villaréal, tandis que son avant-garde entrait à Vittoria.

Crespo, retiré dans les montagnes de la Biscaye, ne songeait plus qu'à couvrir Bilbao; mais, poursuivi sans relâche, il fut contraint de l'abandonner. Le général Moncey s'empara de la capitale de la Biscaye le 23 juillet; il y trouva des magasins considérables, et il se préparait à poursuivre une campagne aussi heureusement commencée, lorsqu'il reçut l'ordre de suspendre les hostilités. La paix avait été conclue le 12 juillet entre la république française et le roi d'Espagne.

[1] *Histoire des guerres de la révolution,* par Jomini, t. VII, p. 20.

DCXLV.

PASSAGE DU RHIN A DUSSELDORF. — 6 SEPTEMBRE 1795.

BEAUME. — 1836.

L'armée de Rhin-et-Moselle, arrêtée depuis longtemps sous les murs de Mayence, avait investi cette ville du côté de la rive gauche du fleuve. Mais l'investissement ne pouvait être complet, et le siége ne pouvait commencer tant qu'on ne se serait point rendu maître de l'autre rive.

Le général Jourdan avec l'armée de Sambre-et-Meuse était dans les environs de Cologne. Il devait subordonner ses mouvements à ceux de l'armée de siége, passer le fleuve et compléter l'investissement de la place sur la rive opposée. Mais Clerfayt, maître de toute la rive droite du Rhin, en occupait les points principaux, et ses troupes, réparties dans une longue ligne de cantonnements, depuis Dusseldorf jusqu'à Bâle, étaient parfaitement retranchées.

Le général en chef de l'armée de Sambre-et-Meuse résolut le passage du fleuve sur la ligne de Dusseldorf. Mais il fallait, pour réussir, tromper la vigilance de l'ennemi et lui donner le change en masquant ses opérations. Jourdan fit en conséquence quelques démonstrations du côté de Weisenthurn, et dirigea tout un équipage de pont sous le feu de la forteresse d'Ehrenbreistein et de toutes les batteries dont la rive droite était hérissée en face de Coblentz. Pendant ce temps l'armée française faisait ses préparatifs pour passer le Rhin à Dusseldorf.

Kléber avait proposé au général en chef de s'emparer de cette ville aussitôt après le passage du fleuve; l'exécution de cette entreprise était difficile et périlleuse. « Dusseldorf était fortifiée, défendue par une garnison de deux mille hommes, protégée par un camp retranché où se trouvaient douze à quinze mille Autrichiens, et par une citadelle dont les remparts, hérissés de plus de cent bouches à feu, semblaient défier les plus courageux efforts. »

C'était là que Championnet, avec une partie de sa division, devait traverser le fleuve. Quatorze compagnies de grenadiers entrèrent dans des barques qui avaient été préparées. Le silence le plus absolu fut recommandé; la peine de mort était prononcée contre tout soldat qui ferait feu pendant la traversée.

« A onze heures du soir la flottille se mit en mouvement. Les ennemis pouvant distinguer à la clarté de la lune les mouvements de l'armée française, la flottille ne tarda pas à éprouver le feu de l'artillerie ennemie; l'artillerie française, placée sur la rive gauche du Rhin, protégea le passage et fit taire le feu des Autrichiens. Les grenadiers exécutèrent en silence les ordres du général Championnet. Enfin la flottille touche au rivage opposé, les grenadiers s'élancent aussitôt avec la plus grande impétuosité, culbutent l'ennemi et s'emparent de ses positions. Championnet suit l'armée et donne ordre au général Legrand de bloquer sur-le-champ Dusseldorf. Le gouverneur, sur la sommation qui lui fut faite, se rendit avec la garnison¹. »

DCXLVI.

COMBAT DE SUCCARELLO. — 18 SEPTEMBRE 1795.

BOULANGER. — 1837.

Au mois de septembre 1795 l'armée française appuyait la droite de sa ligne à Borghetto, village sur la rivière de Gênes, environné de murs et défendu par un camp retranché : « De là, passant sur les montagnes du Saint-Esprit et de Monte-Vento, couronnées de plusieurs étages de batteries, elle se prolongeait vers les mamelons des Deux-Frères, entre lesquels était un petit Gibraltar, rocher barrant la côte du contre-fort de Sambucco, qu'on n'aurait pu occuper sur tout son développement sans s'exposer à se faire couper. Le poste du petit Gibraltar était soutenu, d'un côté, par un ouvrage en crémaillère sur une queue de rocher; et de l'autre, par le camp dit du Champ-des-Prêtres (*Campo dei Preti*). »

La ligne de l'armée austro-sarde commençait à Loano, petite ville en face de Borghetto, se prolongeant ensuite vers l'Apennin, jusque sur les hauteurs à droite et à gauche du Tanaro. Voici comment les cantonnements de cette armée étaient répartis :

Le général Wallis, pendant la maladie de de Wins,

¹ *Victoires et conquêtes*, t. IV, p. 302.

commandait à Loano la droite, toute composée de troupes autrichiennes; la gauche, sous les ordres du marquis de Colli, formée de Piémontais, était du côté du Tanaro, et le général d'Argenteau se trouvait au centre avec les troupes allemandes, les régiments italiens au service de l'Autriche, et quelques bataillons piémontais.

La position de Borghetto offrait à l'armée française de grands avantages pour prendre l'offensive, et il y avait nécessité pour le général de Wins, qui pouvait être inquiété dans Loano, de s'en emparer. Le 17 septembre il renforça le comte d'Argenteau de deux mille hommes d'élite, et lui ordonna d'établir une batterie de six bouches à feu pour protéger l'attaque qui devait avoir lieu le lendemain au point du jour, et commencer sur le point de Succarello. On se battit avec acharnement, et déjà les Autrichiens espéraient la victoire, « lorsque le général Sejean ordonna à l'adjudant général Saint-Hilaire de sortir du camp des Deux-Frères et de marcher avec les éclaireurs et les grenadiers sur le flanc gauche de l'ennemi. Un brouillard fort épais couvrit ce mouvement, en assura la réussite, et les impériaux furent repoussés jusque dans les redoutes de Sambucco [1]. »

[1] *Histoire des guerres de la révolution*, par Jomini, t. VII, p. 300.

DCXLVII.

BATAILLE DE LOANO. — 23 ET 24 NOVEMBRE 1795.

Bellangé.

La paix conclue avec l'Espagne avait permis d'envoyer à l'armée des Alpes une portion des troupes employées jusque-là sur la frontière des Pyrénées. Les nouveaux bataillons arrivèrent vers les premiers jours d'octobre, et à la même époque le général Kellermann, appelé à un autre commandement, remit à Schérer celui de l'armée d'Italie. L'avantage remporté à Succarello promettait de nouveaux succès : Schérer se mit en mesure de les obtenir. La grande quantité de neige qui était tombée dans les montagnes ayant forcé les avant-postes des deux armées à se retirer dans les vallées, il dut renoncer à attaquer les positions que les Piémontais occupaient dans les montagnes, et, lorsque l'ennemi croyait les troupes françaises à la veille d'entrer dans leurs cantonnements, Schérer songeait, rapporte Jomini, à accabler les Autrichiens dans la rivière de Gênes. Ayant ordonné d'attaquer l'ennemi dans sa position de Loano le 23 novembre, il arrêta les dispositions suivantes :

« La division Augereau, à la droite, fut chargée de se porter entre Loano et le Monte-Carmelo, et de faire effort particulièrement de ce côté; la tâche de Masséna, au centre, consistait à enlever les hauteurs de

Roccabarbène et de Monte-Lingo avec les divisions Laharpe et Charlet, tandis qu'à la gauche Serrurier, avec sept mille hommes, tiendrait en échec le corps de Colli dans le camp de San-Bernardo et de la Planetta, jusqu'au moment où Masséna, maître des sommités de l'Apennin, pourrait, en lui envoyant du renfort, le mettre en état de prendre l'offensive à son tour, et de forcer le passage des gorges de Garessio.

«Un brick et neuf chaloupes canonnières prirent poste sur la plage, entre Borghetto et la Pietra, pour inquiéter le flanc gauche de l'ennemi, et l'attaque commença au signal de deux fusées lancées du mont Saint-Esprit.»

Ce fut Augereau qui, avec vigueur, mais sans précipitation, commença l'attaque. Il enleva les trois mamelons qui formaient les avant-postes autrichiens, malgré l'héroïque résistance du général Roccavina. Pendant ce temps Masséna, avec sa vigueur et son audace accoutumées, franchissait les crêtes de l'Apennin, et faisait attaquer les flancs d'Argenteau par les généraux Laharpe et Charlet. Le premier repoussa de Malsabocco les régiments italiens de Belgiojoso et de Caprara, et fit un grand carnage de deux bataillons piémontais qui voulurent lui résister; l'autre enleva aux impériaux Banco et toute l'artillerie qui le garnissait. Ces deux opérations terminées, Masséna réunit ses troupes, et marcha en toute diligence sur Bardinetto, où Argenteau avait rallié ses forces, et l'attaqua de front et sur les flancs. Le combat devint opiniâtre; Charlet tomba blessé à mort;

mais Masséna décida la victoire en chargeant à propos à la tête de la réserve. Les impériaux, battus, se retirèrent de peur d'être enfoncés. A peine aperçut-il leur mouvement rétrograde, qu'il envoya le général Cervoni avec trois bataillons, par des sentiers très-difficiles, s'emparer des hauteurs de Settepani et de Melogno, tandis qu'il harcèlerait leurs derrières. Mais ces précautions devinrent inutiles, Argenteau s'étant retiré dans le plus grand désordre à Murialto, derrière la Bormida. »

Malgré la fatigue de ses troupes Masséna poussa alors l'adjudant général Joubert avec quinze cents hommes sur les hauteurs de San-Pantaleone, se disposant à le suivre avec le gros de ses forces.

« Schérer, instruit des brillants succès de Masséna et de l'arrivée de Joubert sur ces hauteurs, se mit au point du jour à la poursuite des Autrichiens. Augereau remonta l'Apennin avec deux de ses brigades, tandis que l'autre longea la côte. De son côté Masséna, prévoyant que la retraite des impériaux allait s'opérer par la gorge de San-Giacomo, donna l'ordre à Joubert de s'en emparer avec ses meilleurs marcheurs, et se disposa à le suivre avec le reste de son avant-garde [1]. »

Un orage de vent et de neige empêcha la poursuite d'être aussi redoutable à l'ennemi qu'elle pouvait l'être. Cependant plusieurs milliers de morts qu'il laissa sur le champ de bataille, cinq mille prisonniers, quarante pièces de canon, et des magasins immenses

[1] *Histoire des guerres de la révolution*, par Jomini, t. VII, p. 307-317.

furent le fruit de cette victoire. Elle jeta l'épouvante en Italie, et prêta quelque force au gouvernement du Directoire, qui venait de succéder à celui de la Convention nationale.

FIN DU TROISIÈME VOLUME.

TABLE INDICATIVE

DES

SALLES OU SONT PLACÉS LES TABLEAUX HISTORIQUES

DONT LES SUJETS SONT COMPRIS DANS LE TROISIÈME VOLUME.

Pages.

467. Philippe, duc d'Orléans, va recevoir au parlement le titre de régent du royaume............................... 3
Pavillon du Roi; 1er étage.

468. Lit de justice de Louis XV........................... 6
Aile du nord; rez-de-chaussée, salle n° 13.

469. Départ du roi après le lit de justice.................... 8
Aile du nord; rez-de-chaussée, salle n° 1

470. Louis XV visite Pierre le Grand à l'hôtel de Lesdiguières.... *Ibid.*
Aile du nord; rez-de-chaussée, salle n° 13.

471. Pierre le Grand et le régent à la revue de la maison militaire du roi.. 10
Aile du nord; rez-de-chaussée, salle n° 13.

472. Prise de Fontarabie.................................. *Ibid.*
Aile du nord; rez-de-chaussée, salle n° 13.

473. Camp de l'armée française entre Saint-Sébastien et Fontarabie. Quartier du prince de Conti..................... 11
Aile du nord; rez-de-chaussée, salle n° 13.

474. Méhémet-Effendi, ambassadeur turc, arrive aux Tuileries... 13
Aile du nord; rez-de-chaussée, salle n° 13.

475. Méhémet-Effendi, ambassadeur turc, arrive aux Tuileries... *Ibid.*
Aile du nord; rez-de-chaussée, salle n° 13.

476. Méhémet-Effendi, ambassadeur turc, sort des Tuileries après sa réception par le roi............................... *Ibid.*
1er étage; escalier des Ambassadeurs.

477. Sacre de Louis XV à Reims. Couronnement du roi........ 16
   Aile du nord; rez-de-chaussée, salle n° 13.
478. Sacre de Louis XV à Reims. Couronnement du roi........ *Ibid.*
   Partie centrale; 1ᵉʳ étage, chambre de Louis XV, n° 117.
479. Sacre de Louis XV à Reims. Cavalcade du roi............ 19
   Aile du nord; rez-de-chaussée, salle n° 13.
480. Mariage de Louis XV et de Marie Leczinska. Louis, duc d'Orléans, fils du régent, épouse à Strasbourg, au nom du roi, Marie-Charlotte-Sophie-Félicité Leczinska, princesse de Pologne... 20
481. Siége de Philipsbourg. Investissement de la place......... 21
   Partie centrale; rez-de-chaussée, salle n° 26.
482. Prise de Philipsbourg................................ 23
   Aile du nord; rez-de-chaussée, salle n° 13.
483. Bataille de Parme................................... *Ibid.*
   Aile du nord; rez-de-chaussée, salle n° 13.
484. Prise de Prague..................................... 25
   Aile du nord; rez-de-chaussée, salle n° 13.
485. Prise de Menin..................................... 28
   Aile du nord; rez-de-chaussée, salle n° 13.
486. Prise de Menin..................................... *Ibid.*
   Partie centrale; 1ᵉʳ étage, salle dite de la Vaisselle d'or, n° 127.
487. Prise d'Ypres....................................... 31
   Aile du nord; rez-de-chaussée, salle n° 13.
488. Prise d'Ypres....................................... *Ibid.*
   Partie centrale; 1ᵉʳ étage, salle dite de la Vaisselle d'or, n° 127.
489. Prise de Furnes..................................... 33
   Aile du nord; rez-de-chaussée, salle n° 13.
490. Bataille de Coni.................................... *Ibid.*
   Aile du nord; rez-de-chaussée, salle n° 13.
491. Entrée du roi à Strasbourg........................... 35
   Aile du nord; rez-de-chaussée, salle n° 13.

TABLE. 287

Pages.

492. Siége de Fribourg. Le roi arrive au camp devant Fribourg... 38
Aile du nord; rez-de-chaussée, salle n° 13.

493. Siége de Fribourg. Attaque de nuit.................... 39
Aile du nord; rez-de-chaussée, salle n° 13.

494. Prise de la ville et des châteaux de Fribourg............ 40
Partie centrale; 1ᵉʳ étage, salle dite de la Vaisselle d'or, n° 127.

495. Siége de Tournay. Investissement de la place; camp de la rive
droite de l'Escaut................................... *Ibid.*
Aile du nord; rez-de-chaussée, salle n° 14.

496. Siége de Tournay. Investissement de la place; camp de la rive
gauche de l'Escaut................................... 41
Aile du nord; rez-de-chaussée, salle n° 14.

497. Siége de Tournay. Le roi visite le camp devant Tournay...... *Ibid.*
Aile du nord; rez-de-chaussée, salle n° 14.

498. Bataille de Fontenoy. Attaque du village d'Anthoin........ 43
Aile du nord; rez-de-chaussée, salle n° 14.

499. Bataille de Fontenoy................................ *Ibid.*
Aile du nord; rez-de-chaussée, salle n° 14.

500. Bataille de Fontenoy................................ *Ibid.*
Aile du nord; rez-de-chaussée, salle n° 14.

501. Bataille de Fontenoy................................ *Ibid.*
Aile du nord; rez-de-chaussée, salle n° 14.

502. Bataille de Fontenoy. Louis XV visite le champ de bataille... 48
Aile du midi; 1ᵉʳ étage, galerie des Batailles, n° 137.

503. Bataille de Fontenoy. Prise du village de Vezon........... 49
Aile du nord; rez-de-chaussée, salle n° 14.

504. Siége de Tournay. Le roi donne des ordres pour l'attaque de
Tournay.. 50
Aile du nord; rez-de-chaussée, salle n° 15.

505. Siége de Tournay. Le roi donne des ordres pour l'attaque de
Tournay.. *Ibid.*
Partie centrale; 1ᵉʳ étage, salle dite de la Vaisselle d'or, n° 127.

506. Combat de Melle................................... 51
Aile du nord; rez-de-chaussée, salle n° 14.

507. Combat de Melle..................................... 51
   Partie centrale; 1ᵉʳ étage, salle dite de la Vaisselle d'or, n° 127.

508. Surprise de la ville de Gand........................ 53
   Partie centrale; 1ᵉʳ étage, salle dite de la Vaisselle d'or, n° 127.

509. Prise de Gand...................................... Ibid.
   Aile du nord; rez-de-chaussée, salle n° 14.

510. Siége d'Oudenarde.................................. 55
   Aile du nord; rez-de-chaussée, salle n° 14.

511. Prise d'Oudenarde.................................. 56
   Partie centrale; 1ᵉʳ étage, salle dite de la Vaisselle d'or, n° 127.

512. Siége d'Ostende.................................... Ibid.
   Aile du nord; rez-de-chaussée, salle n° 14.

513. Siége d'Ostende.................................... Ibid.
   Partie centrale; 1ᵉʳ étage, salle dite de la Vaisselle d'or, n° 127.

514. Siége d'Ath.. 57
   Partie centrale; 1ᵉʳ étage, salle dite de la Vaisselle d'or, n° 127.

515. Siége de Bruxelles.................................. 58
   Aile du nord; rez-de-chaussée, salle n° 15.

516. Siége de Bruxelles.................................. Ibid.
   Partie centrale; 1ᵉʳ étage, salle dite de la Vaisselle d'or, n° 127.

517. Siége d'Anvers..................................... 60
   Partie centrale; 1ᵉʳ étage, salle dite de la Vaisselle d'or, n° 127.

518. Entrée de Louis XV à Anvers........................ 61
   Aile du nord; rez-de-chaussée, salle n° 14.

519. Siége de Mons..................................... 62
   Aile du nord; rez-de-chaussée, salle n° 14.

520. Siége de Mons..................................... Ibid.
   Partie centrale; 1ᵉʳ étage, salle dite de la Vaisselle d'or, n° 127.

521. Siége de Saint-Guilhain............................. 63
   Aile du nord; rez-de-chaussée, salle n° 14.

TABLE.

Pages.

522. Siége de Charleroi.................................... 64
Aile du nord; rez-de-chaussée, salle n° 14.

523. Siége de la ville de Namur............................ 65
Aile du nord; rez-de-chaussée, salle n° 14.

524. Siége de la ville de Namur............................ Ibid.
Partie centrale; 1er étage, salle dite de la Vaisselle d'or, n° 127.

525. Prise des châteaux de Namur......................... 66
Partie centrale; 1er étage, salle dite de la Vaisselle d'or, n° 127.

526. Bataille de Rocoux................................... Ibid.
Aile du nord; rez-de-chaussée, salle n° 14.

527. Bataille de Rocoux................................... Ibid.
Partie centrale; 1er étage, salle dite de la Vaisselle d'or, n° 127.

528. Entrée de Louis XV à Mons.......................... 69
Partie centrale; 1er étage, salle dite de la Vaisselle d'or, n° 127.

529. Bataille de Lawfeld.................................. 70
Aile du midi; 1er étage, galerie des Batailles, n° 137.

530. Bataille de Lawfeld.................................. 71
Aile du nord; rez-de-chaussée, salle n° 15.

531. Bataille de Lawfeld.................................. Ibid.
Aile du nord; rez-de-chaussée, salle n° 15.

532. Bataille de Lawfeld.................................. Ibid.
Partie centrale; 1er étage, salle dite de la Vaisselle d'or, n° 127.

533. Siége de la ville de Berg-op-Zoom. Investissement de la place. 76
Partie centrale; rez-de-chaussée, salle n° 26.

534. Siége de la ville de Berg-op-Zoom..................... 77
Partie centrale; 1er étage, salle dite de la Vaisselle d'or, n° 127.

535. Prise d'assaut de la ville de Berg-op-Zoom............. 79
Partie centrale; 1er étage, salle dite de la Vaisselle d'or, n° 127.

536. Combat du vaisseau *l'Intrépide* contre plusieurs vaisseaux anglais... 80
Pavillon du Roi; rez-de-chaussée.

537. Siége de Maëstricht.............................. 82
    Partie centrale; 1ᵉʳ étage, salle dite de la Vaisselle d'or, n° 127.

538. Prise de Port-Mahon............................. 85
    Pavillon du Roi; rez-de-chaussée.

539. Siége et prise du fort Saint-Philippe (Port-Mahon)........ 86
    Aile du nord; rez-de-chaussée, salle n° 15.

540. Bataille d'Hastembeck........................... 87
    Aile du nord; rez-de-chaussée, salle n° 15.

541. Bataille de Lutzelberg........................... 91
    Aile du nord; rez-de-chaussée, salle n° 15.

542. Bataille de Berghen............................. 92
    ....

543. Bataille de Johannisberg......................... 94
    Aile du nord; rez-de-chaussée, salle n° 15.

544. Lit de justice tenu par Louis XVI. Rentrée du parlement rappelé par Louis XVI............................. 96
    Partie centrale; 1ᵉʳ étage, salle des États Généraux, n° 129.

545. Combat de la frégate française *la Belle Poule* contre la frégate anglaise *l'Aréthuse*................................. 98
    Pavillon du Roi; rez-de-chaussée.

546. Combat naval d'Ouessant.......................... 100
    Pavillon du Roi; rez-de-chaussée.

547. Combat de la frégate française *la Concorde* contre la frégate anglaise *la Minerve*................................ 102
    Pavillon du Roi; rez-de-chaussée.

548. Combat de la frégate française *la Junon* contre la frégate anglaise *le Fox*.................................. 103
    Pavillon du Roi; rez-de-chaussée.

549. Combat du vaisseau français *le Triton* contre le vaisseau anglais *le Jupiter* et la frégate anglaise *la Médée*............... 104
    Pavillon du Roi; rez-de-chaussée.

TABLE. 291

550. Combat de la frégate française *la Minerve* contre deux vaisseaux anglais et deux frégates anglaises................ 104
   Pavillon du Roi; rez-de-chaussée.

551. Prise de l'île de la Grenade........................... 106
   Pavillon du Roi; rez-de-chaussée.

552. Combat naval de l'île de la Grenade................... 107
   Pavillon du Roi; rez-de-chaussée.

553. Combat des frégates françaises *la Junon* et *la Gentille* contre le vaisseau anglais *l'Ardent*........................... 109
   Pavillon du Roi; rez-de-chaussée.

554. Combat de la frégate française *la Surveillante* contre la frégate anglaise *le Québec*................................. 111
   Pavillon du Roi; rez-de-chaussée.

555. Combat naval d'une division française contre une escadre anglaise.. 113
   Pavillon du Roi; rez-de-chaussée.

556. Combat naval en vue de la Dominique................... 114
   Pavillon du Roi; rez-de-chaussée.

557. Combat naval de la Praya............................. 118
   Pavillon du Roi; rez-de-chaussée.

558. Combat naval en vue de Louisbourg.................... 120
   Pavillon du Roi; rez-de-chaussée.

559. Siége d'York-Town. Combat naval devant la Chesapeak...... 122
   Pavillon du Roi; rez-de-chaussée.

560. Siége d'York-Town. Investissement de la place........... 126
   Partie centrale; rez-de-chaussée, salle n° 26.

561. Siége d'York-Town. Attaque des redoutes............... 127
   Partie centrale; 1ᵉʳ étage, salle dite de la Vaisselle d'or, n° 127.

562. Siége d'York-Town. Le général Rochambeau et Washington donnent les derniers ordres pour l'attaque.............. Ibid.
   Aile du midi; 1ᵉʳ étage, galerie des Batailles, n° 137.

563. Siége d'York-Town. Sortie de la garnison anglaise........ 129
   Partie centrale ; 1ᵉʳ étage, salle dite de la Vaisselle d'or, n° 127.

564. Prise des îles Saint-Christophe et Névis.................. 130
   Pavillon du Roi ; rez-de-chaussée.

565. Combat naval en vue de Négapatnam..................... 131
   Pavillon du Roi ; rez-de-chaussée.

566. Combat du vaisseau français *le Scipion* contre les vaisseaux anglais *le London* et *le Torbay*......................... 133
   Pavillon du Roi ; rez-de-chaussée.

567. Combat des frégates françaises *la Nymphe* et *l'Amphitrite* contre le vaisseau anglais *l'Argo*............................ 134
   Pavillon du Roi ; rez-de-chaussée.

568. Combat naval en vue de Gondelour.................... *Ibid.*
   Pavillon du Roi ; rez-de-chaussée.

569. Publication du traité de paix de Versailles entre la France et l'Angleterre...................................... 136
   Aile du nord ; rez-de-chaussée, salle n° 15.

570. Louis XVI donne des instructions à M. de Lapérouse pour son voyage autour du monde............................ 137
   Aile du nord ; rez-de-chaussée, salle n° 15.

571. Voyage de Louis XVI à Cherbourg..................... 139
   Aile du nord ; rez-de-chaussée, salle n° 15.

572. Louis XVI abandonne les droits du domaine sur les laisses de mer aux riverains de la Guyenne........................ 140
   Aile du nord ; rez-de-chaussée, salle n° 15.

573. Assemblée des notables............................. 141
   Partie centrale ; 1ᵉʳ étage, salle des États Généraux, n° 129.

574. Louis XVI distribue des secours aux pauvres............. 143
   Aile du nord ; rez-de-chaussée, salle n° 15.

575. Procession des états généraux........................ 144
   Partie centrale ; 1ᵉʳ étage, salle des États Généraux, n° 127.

TABLE. 293

Pages.

576. Ouverture des états généraux à Versailles.................. 148
   Partie centrale; 1ᵉʳ étage, salle des États Généraux, n° 129.

577. Serment du jeu de Paume........................... 151
   Pavillon du Roi; 1ᵉʳ étage.

578. Fédération des gardes nationales et de l'armée au Champ-de-Mars à Paris..................................... 154
   Pavillon du Roi; 1ᵉʳ étage.

579. La garde nationale de Paris part pour l'armée............. 157
   Partie centrale; 1ᵉʳ étage, salle de 1792, n° 135.

580. Combat dans les défilés de l'Argonne.................... 161
   Partie centrale; 1ᵉʳ étage, salle de 1792, n° 135.

581. Bataille de Valmy.................................. *Ibid.*
   Partie centrale; 1ᵉʳ étage, salle de 1792, n° 135.

582. Prise de Chambéry................................. 172
   Partie centrale; 1ᵉʳ étage, salle n° 131.

583. Prise de Villefranche, et invasion du comté de Nice........ 173
   Partie centrale; 1ᵉʳ étage, salle n° 131.

584. Prise de Spire..................................... 174
   . . . .

585. Levée du siége de Lille.............................. 175
   . . . .

586. Reprise de Verdun................................. 178
   . . . .

587. Levée du siége de Thionville......................... 179
   . . . .

588. Reprise de Longwy................................ 181
   . . . .

589. Entrée de l'armée française à Mayence.................. *Ibid.*
   Partie centrale; 1ᵉʳ étage, salle n° 131.

590. Prise de Francfort-sur-le-Mein........................ 182
   . . . .

591. Prise de Kœnigstein (duché de Nassau, alors électorat de Mayence).. 183

592. Combat de Boussu................................... Ibid.

593. Bataille de Jemmapes............................... 185
Partie centrale; 1ᵉʳ étage, salle de 1792, n° 135.

594. Entrée de l'armée française à Mons.................. 193
Partie centrale; 1ᵉʳ étage, salle de 1792, n° 135.

595. Combat d'Anderlecht............................... 194
Partie centrale; 1ᵉʳ étage, salle de 1792, n° 135.

596. Combat de Varoux................................. 195
Partie centrale; 1ᵉʳ étage, salle n° 131.

597. Entrée de l'armée française à Liége................. 196

598. Siége et prise d'Anvers............................ Ibid.
Partie centrale; 1ᵉʳ étage, salle n° 131.

599. Siége de Namur. Investissement de la place.......... 198
Partie centrale; rez-de-chaussée, salle n° 25.

600. Siége et prise des châteaux de Namur................ Ibid.
Partie centrale; 1ᵉʳ étage, salle n° 131.

601. Prise de Breda.................................... 201
Partie centrale; 1ᵉʳ étage, salle n° 131.

602. Prise de Gertruydenberg........................... 203
Partie centrale; 1ᵉʳ étage, salle n° 131.

603. Combat de Tirlemont et de Goizenhoven............. 204
Partie centrale; 1ᵉʳ étage, salle n° 132.

604. Prise du camp de Pérulle.......................... 206
Partie centrale; 1ᵉʳ étage, salle n° 132.

605. Combat du Mas de Roz............................ 207
Partie centrale; 1ᵉʳ étage, salle n° 132.

TABLE. 295

Pages.

606. Combat de la frégate française *l'Embuscade* contre la frégate anglaise *le Boston*.................................... 210
    Partie centrale; 1er étage, salle n° 131.

607. Bataille de Hondschoote............................... 213
    Partie centrale; 1er étage, salle n° 132.

608. Bataille de Peyrestortes............................... 216
    Partie centrale; 1er étage, salle n° 132.

609. Entrée de l'armée française à Moutiers................. 218
    Partie centrale; 1er étage, salle n° 132.

610. Bataille de Watignies.................................. 219
    Partie centrale; 1er étage, salle n° 131.

611. Combat de Gillette.................................... 224
    Partie centrale; 1er étage, salle n° 132.

612. Siége de Toulon. Investissement de la place............ 226
    Partie centrale; rez-de-chaussée, salle n° 25.

613. Prise de Menin....................................... *Ibid.*
    Partie centrale; 1er étage, salle n° 131.

614. Reprise de la ville et du port de Toulon............... *Ibid.*
    Partie centrale; 1er étage, salle n° 131.

615. Combat de Werdt...................................... 229
    Partie centrale; 1er étage, salle n° 131.

616. Combat du Geisberg................................... 230
    Partie centrale; 1er étage, salle n° 132.

617. Combat de Monteilla.................................. 232
    Partie centrale; 1er étage, salle n° 132.

618. Combat d'Arlon....................................... 233
    Partie centrale; 1er étage, salle n° 132.

619. Prise du petit Saint-Bernard.......................... 235
    Partie centrale; 1er étage, salle n° 133.

620. Combat de Moucroen................................... 236
    Partie centrale; 1er étage, salle n° 132.

TABLE.

Pages.

621. Prise du camp du Boulou.................................. 238
     Partie centrale; 1ᵉʳ étage, salle n° 133.

622. Combat de Courtray.................................... 239
     Partie centrale; 1ᵉʳ étage, salle n° 132.

623. Bataille de Turcoing................................... 240
     Partie centrale; 1ᵉʳ étage, salle n° 132.

624. Combat sous Charleroi................................. 243
     Partie centrale; 1ᵉʳ étage, salle n° 132.

625. Combat de Marchiennes. Passage de la Sambre............ 244
     Partie centrale; 1ᵉʳ étage, salle n° 132.

626. Combat d'Hooglède..................................... 245
     Partie centrale; 1ᵉʳ étage, salle n° 132.

627. Prise d'Ypres... 247
     Partie centrale; 1ᵉʳ étage, salle n° 132.

628. Combat de la Croix des Bouquets. Pyrénées occidentales.... *Ibid.*
     Partie centrale; 1ᵉʳ étage, salle n° 133.

629. Prise de Charleroi.................................... 249
     Partie centrale; 1ᵉʳ étage, salle n° 132.

630. Bataille de Fleurus................................... 250
     Aile du midi; 1ᵉʳ étage, galerie des Batailles, n° 137.

631. Bataille de Fleurus................................... *Ibid.*
     Partie centrale; 1ᵉʳ étage, salle n° 132.

632. Prise d'Anvers.. 255
     Partie centrale; 1ᵉʳ étage, salle n° 133.

633. Reprise de Bellegarde................................. 256
     Partie centrale; 1ᵉʳ étage, salle n° 133.

634. Combat d'Aldenhoven. Prise de Juliers et passage de la Roer. *Ibid.*
     Partie centrale; 1ᵉʳ étage, salle n° 132.

635. Combat de *la Prudente* et de *la Cybèle* contre deux vaisseaux
     anglais.. 259
     Pavillon du Roi; rez-de-chaussée.

	Pages.
636. Combat et prise de Coblentz..........	262

Partie centrale; 1ᵉʳ étage, salle n° 132.

637. Prise de Maëstricht.................... 263

Partie centrale; 1ᵉʳ étage, salle n° 133.

638. Attaque des lignes de l'armée espagnole. Bataille de la Muga. 264

Partie centrale; 1ᵉʳ étage, salle n° 132.

639. Attaque des lignes de l'armée espagnole. Combat de Notre-Dame del Rour et Llers............................ 266

Partie centrale; 1ᵉʳ étage, salle n° 133.

640. Prise de l'île de Bommel................... 268

Partie centrale; 1ᵉʳ étage, salle n° 133.

641. La cavalerie française prend la flotte batave arrêtée par les glaces dans les eaux du Texel..................... 270

Partie centrale; 1ᵉʳ étage, salle n° 134.

642. Prise de Roses............................ 271

Partie centrale; 1ᵉʳ étage, salle n° 134.

643. Prise de Luxembourg....................... 273

Partie centrale; 1ᵉʳ étage, salle n° 134.

644. Entrée de l'armée française à Bilbao.............. 275

Partie centrale; 1ᵉʳ étage, salle n° 134.

645. Passage du Rhin à Dusseldorf.................. 277

Partie centrale; 1ᵉʳ étage, salle n° 133.

646. Combat de Succarello........................ 279

Partie centrale; 1ᵉʳ étage, salle n° 134.

647. Bataille de Loano........................... 281

Partie centrale; 1ᵉʳ étage, salle n° 134.

FIN DE LA TABLE DU TROISIÈME VOLUME.

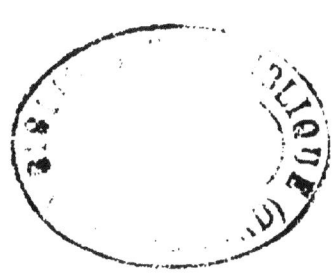

www.ingramcontent.com/pod-product-compliance
Lightning Source LLC
Chambersburg PA
CBHW052241220526
45471CB00001B/144